# Petit Manuel de Conversations Courageuses

à destination des leaders & managers engagés
qui préparent le futur dès aujourd'hui

Visuels de couverture : ©ReThink & Lead
Visuels du livre : ©ReThink & Lead
Photographie de Paule Boffa-Comby : ©ReThink & Lead

©ReThink & Lead Editions
14 Rue Marignan-75008 Paris

ISBN - 979-10-95548-26-3
Dépôt Légal – Janvier 2024
Imprimé à Paris

*A tous ceux qui, comme moi, pensent que tout est possible quand on veut et que l'on s'en donne les moyens.*
*A fortiori quand bouger les lignes contribue à faire évoluer l'entreprise et la société et bénéficie au plus grand nombre.*

*A tous les dirigeants et leaders*
*qui veulent passer à la vitesse supérieure et*
*passer à l'échelle pour que confiance et collaboration*
*permettent l'équilibre entre performances*
*économique, sociale et environnementale*

# INTRODUCTION

Il y a quelque temps, une de mes clientes m'a interpellée. Membre d'un Comex que nous avions accompagné, elle avait repris la trame d'animation, les outils utilisés et avait « appliqué la méthode à la lettre », en l'adaptant pour le thème de son propre séminaire Codir. Elle avait « guidé les échanges et conduit les débats avec plaisir et succès ». Tout s'était formidablement bien passé, jusqu'à ce qu'un des membres de son équipe se désolidarise de la décision prise ensemble dans le « tour de fin » du séminaire.

Lorsque nous avons débriefé de cette première animation en solo, Nadine me rapporta, qu'en effet, James ne s'était quasiment pas exprimé après une première intervention le matin. Il était là pendant toute la journée, avec eux, elle croyait qu'il était d'accord avec ce qui se décidait. Fallait-il remettre en question la méthode utilisée ou ajuster la manière de la mettre en œuvre ?

En guise d'encouragement à persévérer, je lui ai partagé le debrief d'un autre de mes clients, six mois après la fin de neuf mois d'accompagnement d'une transformation profonde, initiée pour sortir d'une culture héritée de « dépendance au Chef ». Il était alors fier de pouvoir me dire que les membres de son équipe continuaient de prendre des initiatives et de partager en confiance lors des réunions Comex, sur tous les sujets qui y étaient abordés, du moment qu'ils sentaient qu'ils pouvaient apporter une valeur ajoutée.

> « *Tout passe au travers de ces symboles, ce langage commun, ces habitudes communes et ces formes rituelles que tu nous as aidés à installer progressivement, par touches impressionnistes,*

*lors d'échanges provoqués au fil des situations particulières pour adresser des points pertinents. Des points qui, s'ils n'avaient pas été adressés auraient compromis le changement. Et qui, adressés à bon escient et de la bonne manière, ont façonné progressivement une empreinte, un état d'esprit, une culture qui s'est ancrée en chacun de nous et se transmet désormais sans que l'on n'y pense. »*

C'est ainsi que ce livre a commencé. Avec l'envie de m'appuyer sur plusieurs des expériences-clefs que je garde en mémoire et qui me donnent la confiance nécessaire pour déplacer encore et encore les frontières du possible avec les dirigeants et les équipes que j'accompagne depuis deux décennies, en France et à l'international. Ce, avec la volonté dès le démarrage de leur donner les repères, le soutien et les debriefs nécessaires au fil de l'eau pour qu'ils soient autonomes le plus rapidement possible. Avec la volonté aussi de transmettre ce qui rend concrètes et lie les différentes étapes des approches et méthodologies développées en matière de développement du leadership, d'intelligence collective, et de transformation.

Ce qu'on pourrait rapprocher de « l'esprit de la méthodologie, de l'approche » en paraphrasant l'expression « la lettre et l'esprit de la loi ». Ce *soft* qui accompagne les processus et méthodologies (*hard*), plus difficile à décrire qu'elles, et qui détermine pourtant le succès et la durabilité des démarches engagées.

J'ai ainsi commencé ce livre en laissant s'écrire, exemple après exemple, ce qui est devenu au fil des pages un *« petit manuel de conversations courageuses (et inspirantes) à destination des dirigeants et managers qui préparent le futur dès aujourd'hui »*.

Un livre pour rendre hommage à tous ces dirigeants (hyper)performants, que j'ai eu le bonheur de rencontrer et d'accompagner, souvent inconnus car éloignés des critères traditionnels du « leader charismatique ».

Des leaders au sommet de larges organisations, à la tête de BU ou de divisions, de fonctions transverses ou d'usines, qui font une différence, la différence aux côtés de leurs équipes en transformant au quotidien ce qui doit être transformé.

Des leaders, des managers, des coachs internes qui agissent concrètement, en accord avec leur vision, leurs valeurs et leurs convictions pour bouger les lignes et construire un demain (plus) durable.

A l'heure des multiples challenges, climatiques, environnementaux, économiques, géopolitiques, révolutions des usages, que nous devons courageusement et collectivement adresser, j'ai voulu partager ce que ces leaders ont en commun et qui est si déterminant par rapport à ces défis à relever ensemble., Cette capacité, non seulement à regarder la réalité en face, mais aussi à impulser, nourrir et aussi clore positivement ces conversations courageuses qui rendent possibles, dynamisent, revivifient la recherche de solution, l'innovation, l'agilité et la performance collective.

Alors, qu'entendons-nous par « conversations courageuses » ? A quoi servent-elles ? Quand les avoir ? Avec qui ? *Tout le monde peut-il s'y mettre ? Y a-t-il des situations où les proscrire ?* Par où commencer ? Y a-t-il une méthode, un mode d'emploi infaillible ? Qu'en attendre ? *Que ne surtout pas en attendre ?*

Comment s'appuyer sur elles pour insuffler et faire grandir cette culture de la responsabilisation et de la confiance, cet état d'esprit orienté « collectif » et « solutions » qui les sous-tend et les rend possibles ? Comment ainsi permettre à vos transformations de passer à l'échelle et à l'ensemble de votre organisation d'être apprenante, innovante et prête à rebondir face à tout imprévu ou challenge ?

Pour rendre ces questionnements plus vivants et plus riches, chaque propos dans ce livre sera illustré de situations concrètes, d'exemples vécus, qui montreront comment et en quoi ces « conversations courageuses » ont fait une différence significative dans le contexte donné et comment elles ont été amenées.

Les noms ont, bien entendus, été modifiés pour préserver l'anonymat des personnes et des entreprises. Les messages et les exemples choisis l'ont été à partir des feedbacks reçus des centaines de dirigeants et managers qui m'ont fait confiance depuis ce jour de l'an 2000 où j'ai décidé que « déminer les problèmes et trouver des solutions durables » serait au cœur de mon quotidien. J'en profite pour les remercier au passage.

« Chacun de vos feedbacks et chacune de nos expériences communes m'ont révélé une part de moi et ont enrichi cette approche si spécifique du collectif par la confiance et les conversations courageuses, à fort impact. Nous l'avons façonnée ensemble et elle continue de s'enrichir à chaque nouvel accompagnement, et de semer des graines de transformation virale et positive dans l'ensemble des équipes et des organisations qui s'y essaie et se les approprient."

# Mode d'emploi

Ce petit manuel de conversations courageuses à destination des dirigeants et managers qui préparent le futur dès aujourd'hui est composé de 3 parties :

> un **préambule**, posant les enseignements tirés de vingt années d'accompagnements de dirigeants et d'équipes et de recherches pragmatiques à leurs côtés, qui nous permettront de revenir sur les raisons du choix de ce thème, ainsi que sur les bénéfices réels.

> une **première partie consacrée à définir ce que ce sont ces conversations courageuses** et **une seconde partie à poser, les fondamentaux de leur succès** au service de transformations durables, partages d'expériences à l'appui.

> Enfin, une dernière partie, **composée exclusivement d'exemples commentés, pour aider le passage de la théorie à la pratique**. Dans cette partie, vous pourrez cheminer aux côtés de ceux qui se sont essayés à ces conversations courageuses et ont su installer cet état d'esprit, cette culture qui les rend possible. Comme eux, vous pourrez à mes côtés décrypter ce qui se jouait dans les différentes situations, les clefs appliquées, et aussi les pièges qu'ils ont dû éviter.

Pour inspirer vos futures conversations courageuses, vous pourrez saisir notre proposition de voyage, en suivant les étapes que je viens de nommer, ou commencer par la partie qui vous attire le plus, ou qui correspond le mieux à vos besoins.

Un sommaire pour guider votre lecture se trouve en fin de cet ouvrage pour faciliter, si besoin, votre « navigation ».

Vous retrouverez six icones récurrents pour vous donner des repères au fil des pages. Chacun a sa signification, que vous trouverez dans le tableau ci-dessous :

| | |
|---|---|
|  | Des concepts à découvrir |
|  | Pour aller plus loin |
|  | A noter - des observations utiles |
|  | Témoignage personnel |
|  | Points d'Attention |
|  | Entretiens – Exemples concrets |

Enfin, je vous invite à prolonger ce voyage et à partager avec tous les autres lecteurs, et ceux qui se sont déjà lancés, les conversations courageuses que vous menez, ainsi que vos propres trucs et astuces. N'hésitez pas à vous connecter et à rejoindre l'élan : www.lesconversationscourageuses.fr

# PREAMBULE :

# Un « manuel de conversations courageuses » issu de 20 ans d'expériences aux côtés de dirigeants et des équipes

## Ce qui distingue dirigeants et équipes (hyper)performants des autres

Ces 20 dernières années, au fil de mes accompagnements et de mes observations dans de larges organisations françaises et internationales, j'ai remarqué qu'une chose distingue particulièrement les dirigeants (hyper)performants et les équipes (hyper)performantes -auxquelles j'ai eu la chance de participer ou que j'ai eu le bonheur d'accompagner. Tous et toutes partagent deux caractéristiques communes : la capacité de déceler les sujets ou tension à poser sur la table, et l'aptitude à tenir des conversations courageuses, des conversations à fort impact qui en découlent, aussi souvent que nécessaire.

**✍ Bénéfices associés**

Ce faisant, ces dirigeants, ces équipes s'épargnent le stress, l'ambiance délétère et les coûts associés à des situations de conflits larvés, de désaccords non exprimés ou encore de conflits qui éclatent « au mauvais moment et de la plus mauvaise manière possible ». Ces situations, qui dégénèrent quand le déni, la fuite, la démission laissent place à l'agressivité provoquée in fine par ce qui ne s'est pas dit et n'a pas été transformé. Ces situations qui conduisent certaines équipes ou organisations à passer à côté de changements majeurs ou de découvertes primordiales que des échanges constructifs auraient pu leur permettre d'identifier et de convertir en autant d'opportunités de se réinventer à temps.

Je peux ainsi affirmer sans ambiguïté que la santé et le degré d'efficacité des équipes et des organisations avec lesquelles j'ai travaillé étaient proportionnels à cette capacité des dirigeants -et de leurs équipes- à savoir « poser les sujets (qui fâchent) sur la table » de la bonne manière et avec les bonnes personnes et à savoir distinguer avec justesse les situations qui nécessitent ces conversations de celles qui ne le nécessitent pas. Au fil de mes accompagnements et observations, cela est même devenu un marqueur, implicite et explicite, du bon fonctionnement de l'équipe.

Pour être plus précise encore, j'ai pu également noter que la santé et le degré d'efficacité des équipes sont aussi fortement liés au temps qui se passe entre l'événement appelant la conversation et la conversation elle-même (avec les bons interlocuteurs, bien sûr). Moins il se passe de temps entre les deux et plus l'équipe, l'organisation est à même d'en « faire quelque chose », de construire sur et avec les informations recueillies lors de l'échange, de faire une différence par rapport aux autres équipes, aux concurrents, à l'écosystème.

### ✍ Une vraie différence

Plus les membres de l'équipe, de l'organisation ont cette capacité de dire et de faire en cohérence avec ce qu'ils perçoivent, ressentent et observent, plus les membres de l'équipe, de l'organisation sont capables de nommer ce qui se passe ou ce qui les questionne, plus les membres de l'équipe, de l'organisation laissent de place régulièrement aux conversations courageuses, à fort impact et à forte valeur ajoutée et organisent autour d'elles les démarches de transformations -et les indicateurs de performances, et plus l'action est fluide, le rebond rapide, les réponses apportées pertinentes, et donc plus la performance durable est au rendez-vous !

C'est pourquoi, dans mes interventions, je parle parfois de ces conversations courageuses -et inspirantes- comme du cœur et des poumons des relations saines et du fonctionnement efficient des équipes et des organisations : elles font la différence au sein des équipes qui performent… et manquent aux équipes qui performent moins bien.

Enfin, j'ai pu invariablement observer une corrélation flagrante entre le succès de la mise en œuvre des transformations souhaitées par ces mêmes dirigeants ou équipes de direction et leur capacité à impulser et entretenir une culture de responsabilisation et de confiance partagée, de respect et de dialogue constructif, de bienveillance et aussi d'exigence, propice à encourager ces « conversations courageuses », au sein de leur organisation. Une culture permettant à chacun de se sentir responsable et « autorisé » à identifier les situations potentiellement abrasives, voire conflictuelles, dès leur apparition, et à initier des temps d'échanges authentiques au travers de conversations courageuses, menées dans un état d'esprit orienté « collectif et solution » plutôt que « égo et problème ».

### ✍ Culture de co-responsabilités - les bénéfices

Dans chacune de ces organisations rencontrées, où les dirigeants et équipes de direction ont été à même d'établir et de renforcer constamment cette culture de la co-responsabilité et de la confiance réciproque, les équipes étaient plus diverses et plus inclusives, les sites industriels et lignes de production plus frugaux en termes de consommation de ressource et plus sûrs, les entreprises de services connaissaient des taux de satisfaction et de fidélisation des clients plus grands, les informations et les innovations se propageaient de manière plus fluide et plus rapide au sein des larges organisations, les risques image ou sécurité étaient anticipés plus souvent que traités une fois qu'ils avaient éclatés, les dossiers étaient gérés avec plus d'efficacité et dans des délais plus courts dans les administrations, les mises sur le marché des nouveaux produits étaient accélérées et connaissaient plus de succès, les taux de conversions de prospects en clients satisfaits étaient plus élevés, etc. Et souvent, le sont encore !

A l'heure où de si nombreux challenges sont sur le bureau des dirigeants, managers et collaborateurs où qu'ils se trouvent dans les organisations, grandes ou petites, il est essentiel de reconnaître et de faire connaître la puissance de ces temps d'échanges transformants, de ces « conversations courageuses », ainsi que leur rôle dans les larges transformations, qu'elles rendent possibles comme autant de gouttes d'eau finissent ensemble par former une rivière ou un fleuve.

Qu'elles se passent en individuel, portes closes, en équipe restreinte ou élargie lors de séminaires de direction, d'équipes ou encore lors de larges forums ouverts réunissant des dizaines ou des centaines de personnes, quel qu'en soit le format, ces conversations courageuses déterminent pourtant les décisions disruptives, les innovations majeures, les rebonds magistraux et les changements durables. Tout le monde s'engage d'autant plus aisément que chacun a le sentiment d'avoir pu participer à les rendre possibles, et se sent donc acteur, moteur et pleinement partie prenante des actions engagées.

### ✍ Observations

Souligner l'importance de prendre ces temps d'échange véritable et de les infuser au sein des organisations : mes observations et celles de nombreux confrères et consœurs tendent à montrer que la généralisation du télétravail et des réunions virtuelles, la (re)prolifération des tableaux de bords et des indicateurs accompagnant la (re)centralisation des décisions, de même que l'accentuation de la pression sur les délais et sur les coûts freinaient ces « conversations courageuses », impactant cette culture de la responsabilisation et de la confiance, souvent considérées comme « contre-intuitives » ou « trop exigeantes » en cas de délais courts, de changements brutaux ou de crise. Et pourtant !

# Un appel à plus de conversations courageuses pour poser les bonnes décisions

Jamais l'incertitude n'a été aussi grande et les changements aussi rapides, déterminants et challengeants, pour les hommes et les femmes, pour les organisations, pour les sociétés et pour la planète en général.

Les défis auxquels nous confrontent le réchauffement climatique, la prise de conscience de la rareté des ressources (que nous pensions illimitées), l'accélération des ruptures technologiques, les perspectives ouvertes par l'intelligence artificielle et l'IA générative, mais aussi l'instabilité économique, géopolitique et sociale, rendent *de facto* plus que jamais cruciales la prise de recul, individuelle et collective. Je tenais donc, par ce manuel- livre blanc -retour d'expériences participer à lancer un appel à développer la capacité à large échelle de faire ces arrêts sur image réguliers et à:

> observer notre propre cheminement, celui de notre équipe, de notre organisation et des sociétés en général,

> croiser nos regards, particulièrement en cas de désaccords, pour anticiper les potentiels conflits d'intérêt ou les potentielles conséquences dommageables des changements ou actions en cours

> et à résoudre ces problèmes avant qu'ils ne prennent des proportions démesurées voire « irrattrapables ».

Le futur se prépare aujourd'hui et nous devons tous y prendre part, à hauteur de nos talents, de nos prises de conscience et de nos zones d'influence.

C'est aujourd'hui que se décide l'avenir de nombreuses technologies et de nombreuses industries, c'est aujourd'hui que prennent sens beaucoup de leçons du passé et beaucoup de découvertes, c'est aujourd'hui, à l'heure de l'ère connectée- que se répandent à vitesse grand V les nouvelles, vraies, fausses, bonnes comme mauvaises. Alors unissons nos efforts pour créer des espace-temps d'échanges véritables, de conversations courageuses qui permettent que des diagnostics courageux soient collectivement posés et que des actions courageuses soient collectivement engagées, comme autant de contributions solides et essentielles à un demain qui conditionne, nous devrions toujours nous le rappeler, non seulement notre propre avenir, mais aussi l'avenir des sept générations qui suivent… et bien plus !

Ensemble, par nos échanges, innovons, améliorons, proposons, progressons, (ré)inventons et co-construisons un futur (encore plus) durable…

# Les conversations courageuses : Qu'est-ce que c'est ?

## Parle-t-on tous de la même chose ?

D'aussi loin que je me souvienne, j'ai toujours été convaincue que la meilleure façon de résoudre un problème était de le « mettre sur la table » et d'en échanger avec les différents protagonistes.

Pour moi, le dialogue est une évidence, un réflexe. Et quand la situation se trouve être plus complexe et qu'elle peut venir questionner cette évidence, mon incapacité assumée d'accepter qu'un problème ne trouve pas de solution m'a toujours donné le courage « d'y aller, quand-même », c'est-à-dire de dire et faire tout ce qui est en mon pouvoir pour que le problème trouve sa solution !

🔔 **Nos réflexes spontanés parlent pour nous**

J'ai toujours constaté que seule, je n'avais pas tous les éléments pour comprendre et donc résoudre les problèmes auxquels j'étais confrontés, alors qu'en écoutant les autres, je pouvais apprendre des choses et trouver des solutions auxquelles je n'aurais pas pensé seule.

Ma grand-mère m'a souvent rapporté qu'à l'école déjà, mon institutrice disait que je ne pouvais pas rester avec un conflit ou un problème non résolu autour de moi et qu'il fallait que j'aille voir les uns et les autres pour écouter, panser les maux et réconcilier tout le monde !

J'ai donc toujours participé et initié des conversations avec les différents acteurs quand la situation semblait le nécessiter. Et, ce aussi vite que possible, de sorte que « les choses soient dites et que les solutions puissent être apportées ». Néanmoins, les réactions diverses à mes tentatives spontanées m'ont appris que cette approche **1/** n'était pas innée pour tout le monde **2/** ne plaisait pas forcément à tout le monde. Ce, parfois avec des retentissements cuisants.

### 🔔 Apprendre de nos expériences

Je me souviens ce jour d'hiver où, dans une classe, face à une rangée de professeurs, je me suis levée pour interrompre celui qui était en train de s'acharner sur un élève qui ne le méritait pas. Seule devant tous, j'avais laissé parler mon cœur, persuadée d'être dans mon bon droit puisque, alors au collège, j'avais été élue par ma classe pour les représenter. Je ne pourrais dire aujourd'hui ce que j'ai dit ni comment, mais je me souviens encore du regard noir de ce professeur ce jour-là… et aussi des bulletins qui ont suivi mon intervention.

De même, dans les suites d'un autre de ces conseils de classe, je me souviens être allée voir l'un des élèves qui perturbaient la classe, dont il avait été longuement question la veille, pour l'informer de ce qui s'était dit et, en toute confidentialité, « entre lui et moi », lui « ouvrir les yeux » sur les risques qu'il encourait s'il continuait ainsi. Connaissant sa situation familiale, je l'avais, « bien sûr » défendu. Je le revois encore m'adresser ces mots en retour : « De quoi te mêles-tu, je ne t'ai rien demandé. S'ils veulent m'exclure, ils m'excluront. Ce n'est pas ton problème, c'est le mien ! »

De fait, les « confrontations », que je voulais positives ne trouvaient pas toujours grâce aux yeux de mes interlocuteurs, et semblaient tantôt les gêner, voire de les bloquer, tantôt avoir été trop directes ou quelque peu maladroites, ou encore ne pas tomber au bon moment ou de la bonne manière pour mon interlocuteur.

Comme dans ces deux exemples, il m'arrivait ainsi parfois de ne pas réaliser que mon interlocuteur n'était pas aussi prêt que moi à « regarder la vérité en face » ou à « être confronté(e) » aux conséquences de ses paroles ou de ses actes ou encore à être aidé(e).

De fait, certaines personnes m'ont évitée ou fuie, sans que je ne comprenne toujours pourquoi, ni ce que j'avais fait « de mal ».

Avec le recul, je vois aujourd'hui que ce que je pensais être des conversations courageuses l'étaient certes dans la définition que j'en donnais à l'époque. A savoir : « dire la vérité, même quand elle n'était pas attendue, demandée ou souhaitée ». Pour être honnête, une part de moi se réjouissait sans doute que l'autre réagisse, ce qui signifiait pour tout le monde que « j'avais fait le job » !

In fine, ce sont sans doute ces expériences compliquées qui m'ont amenée le plus à me questionner et à affiner ma compréhension de ce qu'est, à mes yeux, le « vrai courage ». J'ai challengé cette compréhension jusqu'à ce que, à mesure d'expériences individuelles et collectives, se façonnent une approche et une définition plus équilibrées, plus efficaces et plus durables de ce que je nomme aujourd'hui des « conversations courageuses »[1].

---

[1] Vous en découvrirez des exemples dans les pages qui suivent et au travers des nombreux exemples analysés dans la seconde partie de ce « manuel ».

## Une définition par l'exemple

Rien ne vaut un exemple concret pour entrer en matière et illustrer ce dont nous parlons ici.

Cette conversation courageuse se déroule avec Francis*, un dirigeant engagé en pleine tourmente alors que, face à un marché en berne, ses équipes longtemps solidaires, se mirent à se renvoyer la balle et à dysfonctionner vraiment, au plus mauvais moment pour l'entreprise...

> ✍ **Quelques éléments de contexte :**
>
> Avant cet échange, j'avais déjà eu plusieurs conversations informelles avec Francis et lui avais raconté plusieurs de mes interventions.
>
> Francis semblait toujours très intéressé et paraissait lui aussi un fervent convaincu de la puissance du collectif et de la confiance.
>
> Nous avions évoqué à plusieurs reprises la possibilité de faire un séminaire pour son équipe de direction qui « peinait parfois à atteindre ses objectifs », mais à chacune de nos rencontres dans le cadre d'une association de dirigeants Francis repoussait l'échéance. Le marché était tendu, en forte dégringolade et il pensait que sortir les membres de son équipe de leur quotidien n'était « décemment » pas le bon moment pour ses clients et ses propres équipes.

Voici notre première conversation courageuse, à ce moment-là :

**F** : « Je sais que je devrais sans doute passer plus de temps à penser notre stratégie et à leur partager ma vision des choses, voire leur demander ce qu'ils feraient eux, à ma place, de sorte qu'ils se rendent compte de là où nous en sommes. Mais je ne sais pas s'ils sont capables de prendre ce recul et de m'aider là-dessus. C'est risqué. Notre maison-mère commence à douter sérieusement de nos capacités à remonter la pente et s'ils s'en rendent compte, ils risquent de prendre peur. Je les ai toujours protégés car j'ai besoin qu'ils restent pleinement mobilisés, focalisés. Mais là, nous perdons des parts de marché que nous ne pouvons pas nous permettre de perdre. Le marché est si tendu que chaque client et chaque commande comptent. J'ai parfois l'impression que si je ne suis pas derrière chacun d'entre eux au bon moment, pour les aider à prendre les bonnes décisions, il ne se passe rien ! Si on continue ainsi, la maison-mère ne nous suivra plus dans les investissements prévus et nous risquons de perdre l'usine et peut-être plus... Pourtant, ils passent leur temps à se renvoyer la balle et à se dédouaner les uns sur les autres au lieu de prendre les choses en mains et de s'entraider ! »

*Ma première « réponse courageuse » fut un silence d'accueil. Je me contentais de le regarder, avec attention, écoute et bienveillance, mais je n'ajoutais rien. Je percevais bien la crainte et le désarroi dans le ton de sa voix ; sa lassitude aussi de toujours devoir être mobilisé, engagé sur des actions qui relevaient du périmètre de ses équipes, et de voir pendant ce temps-là ses équipes s'opposer au lieu de faire front commun. Il me l'avait déjà partagé à plusieurs reprises, mais la menace semblait désormais plus pressante et son besoin d'inverser la tendance plus fort.*

*Au vu de ce qu'il me racontait, j'étais de plus en plus persuadée qu'il était justement important et urgent de leur dire la vérité, de les rassembler au vert pour leur permettre de comprendre les vrais enjeux et de travailler enfin ensemble à trouver des solutions. J'avais tellement d'exemples réussis à lui partager...Pourtant, tant qu'il ne les demandait pas, tout exemple aurait été un « coup d'épée dans l'eau ». Je restais donc dans l'accueil de la suite.*

*J'attendis qu'il me regarde dans les yeux suffisamment longtemps, cherchant une aide, une confirmation pour répondre. Quand je sentis qu'il était prêt, je le poursuivis par une question :*

**P** : « Que se passerait-il si tu les réunissais au vert pendant deux jours et leur disais la vérité, toute la vérité, telle que tu viens de me la dire ?

*La conversation courageuse était lancée et je guettais sa réaction. Francis avait commencé l'échange en évoquant cette possibilité, avant de la balayer avec plusieurs arguments successifs. Évoquer, à mon tour, cette possibilité de les réunir, et surtout lui suggérer de dire la vérité à ses équipes, malgré ses craintes et ses incertitudes, était courageux. Je prenais, en effet, le risque de recevoir un non, d'abimer la confiance qu'il me faisait en me confiant ces propos, voire qu'il mette fin à la conversation ou à la relation. Mon non verbal et le ton employés, ouverts et posés, étaient des éléments-clefs de l'entrée en matière, comme nous en reparlerons.*

**F** : Je ne peux pas. Ils seraient morts de trouille.

*Francis me fixait, guettant ma réaction et j'avais bien conscience que s'il trouvait un soupçon d'inquiétude ou de doute dans mon regard ou dans ma voix, il s'y accrocherait immédiatement. Je restais les yeux dans ses yeux, présente et sincère.*

**P** : *(silence)* Tu penses vraiment qu'ils ne se rendent compte de rien ?

**F** : Non, je ne crois pas. Je les protège en permanence et fais tampon. C'est moi qui reçois les mails qui fâchent. Eux n'ont que mes retours et j'essaie de les encourager.

*Il était de plus en plus clair que Francis cherchait mon approbation pour poursuivre dans ses craintes. Je restais silencieuse, puis continuais avec assurance (et toujours bienveillance).*

**P** : Pourquoi crois-tu qu'ils se renvoient la balle les uns les autres comme cela s'ils n'ont pas déjà peur ? L'ont-ils toujours fait ?

*Il me semblait prêt à lâcher ses craintes. Je pouvais maintenant faire passer la conversation courageuse à un second stade.*

**F** : Non, tu as raison. C'est seulement depuis 2 ou 3 mois...

*Francis prit alors conscience de quelque chose et releva la tête. La première partie de notre conversation courageuse avait porté ses fruits. Je sentais qu'il était prêt à aller plus loin.*

**P** : 2 ou 3 mois ? *(Silence)* S'est-il passé quelque chose de spécial à ce moment-là ?

**F** : On a perdu un gros marché... et je n'ai pas pu faire tampon. La maison mère a interagi directement avec Franck ce jour-là.

**P** : Et que s'est-il passé ?

**F** : Le vent a soufflé fort. Il en a sans doute parlé aux autres. Je ne sais pas... (il réfléchit) mais c'est vrai qu'après, ils ont tous commencé à se renvoyer la responsabilité de cet échec. Et depuis, la tension est à son comble.

*Je compris que Francis était prêt pour une nouvelle étape de notre conversation courageuse.*

**P** : Tu vois, sans doute sont-ils plus conscients de la situation que tu ne le crois ?

*Je soutins son regard, tranquille et à son écoute. Je n'ajoutais rien.*

**F** : Oui. Sans doute. Je n'avais pas fait le rapprochement.

**P** : Alors, peut-être est-ce le moment d'en parler directement avec eux ?

*Francis resta songeur. Je restais en silence, consciente du « moment de bascule » que nous vivions. Et comme souvent en pareil cas, Francis fit une tentative de machine arrière...*

**F** : Peut-être, oui... ou peut-être pas. Et si je me trompe, qu'ils ne savent rien, je risque de les démotiver encore plus en leur disant la vérité. Ils tiennent à l'idée que les investissements soient faits et seraient soulagés par les 2 ou 3 recrutements que nous devions lancer soient effectivement lancés. *(Silence).* Je ne peux pas risquer de leur dire la vérité.

*Je regardais Francis dans les yeux, pleinement dans l'accueil, à nouveau. Et le laissais élaborer sa « défense ». Devant mon silence, Francis reprit.*

**F** : « A la fois, si je ne leur dis rien, ils vont continuer à se renvoyer la balle et on n'avancera pas. J'ai de toute façon besoin de travailler avec eux à une nouvelle stratégie. Nous avons peu de temps devant nous..."

*Francis avait relevé la tête et son visage avait changé. Il commençait à se projeter et à les imaginer, solidaires, construisant cette nouvelle approche avec lui et cela suffit à alléger le poids sur ses épaules.*

**F** : « J'aurai besoin qu'on en reparle assez vite pour voir comment les on-boarder sans les affoler, ni les surprotéger. Mais je pense qu'effectivement, il est important de les réunir, avant que la situation marché et les relations entre eux soient si dégradées que le rebond ne serait plus possible."

*Nous nous revîmes une semaine plus tard et le séminaire eut lieu dans la foulée. Nous y reviendrons plus tard.*

De cet exemple, nous pouvons tirer quelques éléments caractéristiques de ce que nous appelons les « conversations courageuses ».

## ✍ Spécificités des « conversations courageuses »

De cet exemple, nous pouvons tirer quelques éléments clefs distinctifs de ce dont nous parlons

- Loin d'être des conversations banales, les « conversations courageuses » interviennent dans un contexte critique. C'est-à-dire que si elles n'ont pas lieu, la situation risque de s'enliser ou d'empirer.
  - ☞ Les personnes ou les équipes risquent de tourner en rond.

- ☞ Les choses, non dites risquent de rester en l'état, en suspens et seront susceptibles de bloquer toute issue favorable.

- A la fois, et en même temps, la conversation courageuse elle-même représente un enjeu pour les deux interlocuteurs. La conversation courageuse suppose qu'il y ait une prise de risque de part et d'autre dans l'échange

    - ☞ Dans l'exemple, l'enjeu de Francis se situe par rapport à ses équipes et son business. Il risque la fin de ses bonnes relations à ses équipes et la fermeture de l'usine.
    - ☞ Le mien se situe en lien avec ma capacité à accompagner Francis dans sa résolution de problème sans abimer la relation. Je risque que la conversation ou que la relation se terminent si je n'aborde pas les choses de la bonne manière tant l'enjeu et la prise de risque relative à l'enjeu sont importantes *aux yeux de Francis.*

- Ces conversations ne sont pas simples car, généralement, la personne concernée ne s'attend pas, ou ne souhaite pas, entendre ce qui va être dit. « Regarder la vérité en face » lui coûte, voire lui fait peur.

    - ☞ Il n'est pas rare, d'ailleurs, que cette personne se cache derrière une excuse, une situation ou un autre enjeu pour trouver de « bonnes raisons » de ne pas dire, de ne pas voir ou de ne pas faire.
    - ☞ Comme nous le voyons aussi dans cet exemple, il y a un risque fort que la personne fasse marche arrière, bloque ou reparte dans sa logique de trouver toutes les bonnes raisons pour ne pas faire différemment de ce qui l'a amenée à la situation-déclencheur si son interlocuteur, moi dans l'exemple, entre « trop vite » dans le vif du sujet ou « trop fort » ou « trop loin ».

- Dans une conversation courageuse, la forme est tout aussi essentielle que le fond. L'un et l'autre ont une importance égale pour qu'elle soit un succès.

# Les conversations courageuses : Un muscle qui se travaille

Dans cette partie, j'aurai l'occasion de donner des repères et de développer de manière plus approfondie certaines spécificités des conversations courageuses, et aussi éclairer certaines étapes essentielles pour les mener avec succès.

Ceci dans le but de rendre ces conversations actionnables en situations concrètes pour les leaders ou managers que vous êtes, désireux de vous appuyer sur ces conversations courageuses pour accélérer vos transformations, déminer des situations stagnantes ou conflictuelles afin d'installer une culture propice au dialogue et à la collaboration pleine et entière, au service des clients et d'un futur plus durable au sein de votre organisation.

### ✍ Avant de commencer

Avant de commencer, j'aimerais simplement rappeler qu'être à l'aise dans les conversations courageuses requiert, comme pour exercer un muscle, de s'entrainer régulièrement, voire d'être coaché(e) de temps en temps pour être encore plus performant et accélérer sa courbe d'apprentissage et la fluidité de son geste.

# Repérer le déclencheur
# Une situation réactive, mais pas n'importe laquelle

Comme je l'ai mentionné d'entrée dans le préambule[2], mes observations et actions aux côtés de grands dirigeants depuis de longues années m'ont conduite à affirmer sans ambiguïté que la santé et le degré d'efficacité des équipes et des organisations sont proportionnels à la capacité des dirigeants - et de leurs équipes- à savoir « poser les sujets (qui fâchent) sur la table » de la bonne manière et avec les bonnes personnes et à savoir distinguer avec justesse les situations qui nécessitent ces conversations de celles qui ne le nécessitent pas. Au fil de mes accompagnements et observations, cela est même devenu un marqueur, implicite et explicite, du bon fonctionnement de l'équipe.

Prenons donc les choses par le commencement, et tentons ensemble de répondre à la question que se pose ces leaders et managers performants : « A quoi reconnaît-on une situation qui nécessite une conversation courageuse ? ». Ou, pour prendre la question par un angle complémentaire : « Quels sont les « alertes », qui peuvent nous faire prendre conscience de la nécessité potentielle d'une conversation courageuse ? »

[2] Voir le préambule pour plus de détails

### ✍ Quelques exemples pour mieux comprendre

Pour illustrer l'importance de la question et donner de premiers indices, voici quelques exemples de situations susceptibles d'être vues comme des « alertes » :

- Un collègue qui s'avance en réunion sur un sujet qui vous concerne sans vous avoir consulté(e) au préalable,
- Votre enfant qui vous répond sur un ton vraiment désagréable alors que vous rentrez fatigué(e) le soir de votre travail,
- Ou encore une personne que vous ne connaissez pas qui vous double allégrement, sans un mot et sans un regard dans la file d'attente au supermarché alors que vous êtes attendu(e) chez vous.

Les exemples de situations qui nous impactent, nous remuent ou nous font « travailler » émotionnellement sont infinies. Dans ce manuel « à destination des leaders et managers qui préparent le futur dès aujourd'hui », nous nous focaliserons sur le champ d'application de l'Entreprise et particulièrement de l'Entreprise en quête de réponses durables aux défis d'aujourd'hui et de demain, qui feront l'objet des exemples choisis.

Il ne s'agit pas ici d'être exhaustifs et de commencer à lister tous les types de situations abrasives ou potentiellement abrasives qui pourraient rentrer dans ce champ. Cela serait d'ailleurs certainement impossible. De mes expériences, je pense en revanche spontanément à ces questionnements, ces incompréhensions voire à ces dilemmes, auxquels sont parfois confrontés les dirigeants et leaders au quotidien autour de la cohérence de leurs valeurs avec ce qui leur est demandé[3] ou du non-alignement de ce qu'ils veulent mettre en œuvre et des comportements observés sur le terrain[4].

Pour revenir à la question, ce qui nous intéresse avant toute chose, c'est d'être en mesure d'établir un marqueur, de repérer des signaux d'alerte, internes ou externes, qui nous renseignent sur l'éventualité qu'une conversation courageuse devienne nécessaire. Un peu comme la barrière ou le feu clignotant devant un passage à niveau nous indique qu'un train est susceptible de passer et qu'il est préférable que nous nous arrêtions. Parfois, le feu clignotant est une fausse alerte et aucun train ne passe. A d'autres moments, le plus souvent, un train passe et nous réalisons alors combien il était important d'être attentifs à l'alerte et de nous être arrêtés.

Ce marqueur, ce « feu clignotant » qui prévient, prend le plus souvent la forme, dans des situations à forts enjeux, d'un sentiment diffus que quelque chose n'est pas à sa place, ne va pas ou qu'une tension va éclater. Ce qui sera, pour le dirigeant attentif, un indicateur précieux qu'il devra rechercher le déclencheur, partie immergée de l'iceberg s'il veut pouvoir agir…

---

[3] Voir aussi l'exemple de Kenzy

[4] Voir aussi l'exemple Francis et de Ramon

### Repérer le déclencheur, partie immergée de l'iceberg:

Cette situation-déclencheur est souvent difficile à nommer sur le moment pour la personne concernée car elle est souvent cachée par la « pointe émergée de l'iceberg », l'émotion, l'agacement, la colère ou la gêne ou le sentiment diffus ressentis (qui prennent souvent tout l'espace et captent toute l'attention, au détriment de ce qui devrait être traité : leur cause).

Lorsque je repère ces situations de questionnements flous ou de ressentis de non-alignement lors d'un coaching ou d'une session de l'un de nos programmes de développement des dirigeants, je propose aux personnes concernées de se poser les questions suivantes :

- En tant que personne, que diriez-vous de cette situation ? Qu'en pensez-vous ? Comment souhaiteriez-vous y répondre ?
- En tant que leader de l'équipe, que diriez-vous de cette situation ? Qu'en pensez-vous ? Comment souhaiteriez-vous y répondre ?
- En tant que pair ou en tant que l'un des dirigeants-clefs de l'entreprise, diriez-vous de cette situation ? Qu'en pensez-vous ? Comment souhaiteriez-vous y répondre ?
- En tant que citoyen du monde, diriez-vous de cette situation ? Qu'en pensez-vous ? Comment souhaiteriez-vous y répondre ?

Généralement, en cas de « situations-déclencheurs », l'une au moins des réponses à ces quatre questions, de ces quatre angles de vue complémentaires, est différente des autres. Ce qui créé une tension pour la personne. Ce n'est qu'une fois cette tension repérée et accueillie, que le « vrai » déclencheur, le ou les « angle(s) mort(s) », pourront être identifiés, et que le choix de tenir ou non une conversation courageuse pourra être fait.

## Aller plus loin - Quelques questions à vous poser

Notez-vous, comme moi, que dans certaines situations, il vous arrive d'être confronté(e) à des déclencheurs et de ne pas vous précipiter sur l'occasion pour « réagir », c'est-à-dire de choisir de ne rien dire ou faire.

- Revenez sur une de ces situations récentes :
  - ☞ Ne pas réagir était-il un vrai choix ? Sauriez-vous le réitérer facilement lors d'une prochaine situation du même type ?
  - ☞ Referiez-vous d'ailleurs le même choix demain si c'était à refaire ?
- Ou est-ce par réflexe-hérité vous poussant à :
  - ☞ Éviter ou fuir les personnes ou la situation qui vous titille(nt) ?
  - ☞ Ajourner la réunion ou l'événement à chaque fois qu'elle ou qu'il est replanifié, sans pour autant en dire ouvertement la raison ?
  - ☞ Entrer dans le déni, c'est-à-dire prétendre ne pas être touché(e), remué(e) ou concerné(e) par la situation ?
  - ☞ De vous taire et refuser catégoriquement d'aborder le sujet, de peur de ne pouvoir vous retenir de dire en bloc tout ce que vous avez sur le cœur ou pensez de la situation, et donc de risquer de bloquer l'autre ?

# Prendre du recul
# et (re)trouver l'espace pour (ré)agir

Parfois, vous en êtes, comme moi sans doute, pleinement satisfait(e) de ne pas avoir réagi : « le jeu n'en valait pas la chandelle », comme l'énonce si bien l'expression consacrée.

Et parfois, vous allez peut-être regretter, ruminer, repasser le film dans votre tête et penser que « vous avez manqué de courage » ...

Dans le premier cas, l'enjeu était sans doute faible pour vous. Dans le second, plus fort.

A moins que la situation agisse comme une « madeleine de Proust » d'une situation passée qui ne passe pas et que cette situation attise trop d'émotions pour que vous soyez en mesure de réagir sereinement et d'activer cette « fermeté, force de caractère qui permet d'affronter le danger, la souffrance, les revers, les circonstances difficiles » [5]

## Face à un déclencheur, quelques questions :

Face à une situation-déclencheur, bien souvent un agacement ou une envie de réagir se manifeste.

Si nous y sommes suffisamment attentifs, cela nous indique que nous sommes touchés. Sans entrer ici dans trop de détails, posons simplement deux séries de questions, dont les réponses seront déterminantes pour la suite, c'est-à-dire pour définir l'intention que vous donnerez à la conversation en pareille situation.

---

[5] Selon la définition du Larousse pour le mot « courage ».

Vous pouvez, par exemple, vous arrêter net avant de parler et d'entamer une réponse-réflexe et vous poser les questions suivantes :

1- Qu'est-ce qui est en jeu dans la situation ?

- Pour vous ? votre équipe ? votre organisation ?
- Pour l'autre personne ? son équipe ? son organisation ?
- Aviez-vous les mêmes enjeux, des enjeux similaires ou des enjeux en miroir ? Y a-t-il une symétrie dans les degrés d'enjeux ou les vôtres sont-ils plus forts que ceux de l'autre personne ?

  - ☞ Le fait de se concentrer sur l'identification des enjeux d'une situation a une double vertu. D'abord, cela permet à notre esprit de « débrancher » de la situation et de ce qu'elle génère en nous. Ce qui permet de se laisser « souffler » le temps de cet arrêt sur image et donc de pouvoir choisir sereinement de répondre ou non.
  - ☞ Ensuite, regarder objectivement la situation nous permet *de facto* de sortir de la réponse-réflexe, qui fuse, pour en trouver une meilleure.

2- Suis-je touché(e) par ce qui vient de se passer ?

- Si non, pourquoi est-ce que vous y repensez ?

  - ☞ Bien souvent, quand nous cherchons à garder la maîtrise, que nous refusons ou ne pouvons accepter de voir que nous sommes touchés, c'est que l'émotion ou la réaction de surface cache quelque chose de potentiellement plus profond.
  - ☞ Le risque, alors, serait d'engager la conversation sur un thème qui n'est pas le « vrai sujet », ce qui devrait vraiment être discuté, mais sur un « pis-aller ». Est-ce le cas pour vous, dans cette situation ?

- Si oui, pouvez-vous accueillir l'émotion qui est là pour lui permettre de vous révéler l'information précieuse qui se cache derrière elle et ainsi de la laisser s'apaiser, diminuer jusqu'à disparaître ?

- ☞ En effet, une émotion (« in motion ») indique que nous sommes en mouvement. Quelque chose nous a mis en mouvement (nous ressentons une émotion).
- ☞ Si nous parvenons à identifier ce déclencheur (information, situation, parole) alors l'information-le déclencheur a été compris et n'est donc plus utile. L'émotion s'en trouve apaisée. Cela nous permet d'être en mesure d'agir.

# Ancrer l'intention positive : Une décision déterminante

Après cette prise de recul et l'examen rapide de ce qui se joue, si l'envie de répondre et d'initier une conversation est toujours là, restera pour vous à définir si ce que vous visez est une conversation-recadrage classique ou bien une conversation courageuse.

Comme nous l'avons vu dans les premières conclusions tirées de l'exemple de Francis, une conversation courageuse n'est pas une conversation banale, mais une conversation dont l'intention est de ressortir « gagnant-gagnant »[6].

C'est-à-dire de ressortir :

> à minima, avec une meilleure compréhension mutuelle,

> mieux, en ayant rétabli l'ouverture et le respect mutuels,

> ou encore mieux avec une réponse ou une solution concrète qui convient parfaitement aux deux parties et vous permet, ensemble, de gagner quelque chose du temps passé ensemble à avoir cette conversation honnête et courageuse.

---

[6] Voir le Zoom n°2 – Les deux piliers des conversations courageuses pour une définition de cet état d'esprit gagnant-gagnant

## Cerner votre intention

Pour mieux cerner votre intention lorsque vous avez envie de déclencher l'échange et vérifier si l'échange que vous souhaitez est une conversation-recadrage ou bien une conversation courageuse, voici quelques questions utiles :

Vous êtes touché(e). Votre réflexe est de réagir :

- Est-ce pour :
  - « rétablir la vérité »,
  - « rééquilibrer les choses »,
  - « réparer l'injustice »,
  - « contrebalancer ce qui a été dit »,
    - ☞ C'est-à-dire, en quelque sorte agir sur un rapport de force dont vous semblez penser qu'il est en votre défaveur,
    - ☞ Et vouloir (r)établir ce rapport de force à votre avantage?
- Ou cherchez-vous une issue favorable aux deux parties ?
    - ☞ C'est-à-dire à poser les conditions d'un échange honnête et vrai, qui vous permette, ainsi qu'à votre interlocuteur, de tirer des bénéfices équilibrés de l'échange et d'en ressortir avec une énergie positive et la satisfaction partagée d'avoir trouvé ensemble une voie de « sortie par le haut », une réponse ou une solution concrète convenant à tous les protagonistes.

✋ Dans le premier cas, vous avez sans doute repéré que votre intention relève d'une conversation-recadrage, tandis que dans le second cas, vous serez en mesure d'entrer dans une conversation courageuse avec votre interlocuteur.

# Créer les conditions de l'échange équilibré et de la confiance mutuelle

### ▸ INSTALLER UN CLIMAT PROPICE ET S'Y TENIR

L'intention avec laquelle vous entrez dans la conversation est déterminante puisqu'elle en donne le ton et le climat, et définit donc *de facto* la nature de la conversation qui en découlera *(conversation banale, conversation recadrage ou conversation courageuses),*

> ✍ **Point de vigilance**
>
> Rappelez-vous, nous avons établi que l'origine des conversations courageuses est un ou des déclencheur(s), qui vous a touché(e). Qui dit que vous avez été touché(e), dit que vous pouvez l'être à nouveau.
>
> Ce qui signifie que, tout en étant pleinement présent(e), authentique et honnête, vous garderez une certaine vigilance interne durant tout l'échange et vérifierez régulièrement, intérieurement, que le calme et l'ouverture propices à l'échange demeurent.

Votre intention de trouver une 3e voie, qui permettra à tous les protagonistes de « sortir par le haut », avec une solution qui conviendra à tous, agira comme le fil de plomb qui vous gardera aligné sur votre objectif et vos valeurs, calme et déterminé à créer les conditions de la confiance et d'un échange équilibré.

C'est elle qui vous garantira de ne céder à aucun moment à la tentation d'entrer dans un rapport de force, de vous lancer dans une diatribe, une dialectique ou une remontrance à destination de votre interlocuteur s'il ne réagit pas comme vous l'espériez, et de ne pas basculer, par réflexe hérité, dans une conversation d'un autre type aux résultats bien différents.

## « Plus je donne, plus je reçois » et inversement

Comme nous pouvons tous l'observer dans nos relations, ce que l'autre fait dépend de ce que ce que nous faisons et vice-versa.

- « Plus je donne et plus je reçois. Et, au contraire, plus je suis sur la défensive et plus l'autre est sur la défensive ».
    - ☞ De nombreuses recherches, comme celles résumées dans la théorie du « jeu du prisonnier7 » ont ainsi montré depuis de nombreuses années, que lorsque nous dépendons les uns des autres sans pouvoir prédire de façon certaine ce que les autres feront (coopérer ou tirer la couverture à eux), nous avons tout intérêt à coopérer. Coopérer pour gagner plus ensemble que si nous cherchions chacun à gagner le plus possible pour nous seul.
- Vous n'êtes pas convaincus ? Tentez l'expérience avec des amis.
    - ☞ Dans une conversation apparemment anodine et sans enjeu, changez d'intention en passant mentalement du « on gagne ensemble ou on perd ensemble... et perdre n'est pas une option ! » au « je gagne, tu perds ».
    - ☞ Alors, que remarquez-vous ?

[7] Dont les conclusions ont été reprises par Robert Axelrod – *Comment réussir dans un monde d'égoïstes*. Éditions Odile Jacobs

- « INTERET COMMUN FIRST » (ICF) : INITIER ET ENCOURAGER LE PARTAGE D'INFORMATIONS UTILE

Quand l'état d'esprit « ICF » (Intérêt Commun First) est encouragé, un climat de confiance s'installe naturellement, que votre interlocuteur sent immanquablement. Il sent qu'il peut s'exprimer en toute liberté et s'engage naturellement dans le partage d'informations utiles, que vous avez pris soin, vous-même d'initier pour ouvrir la voie, un partage d'informations honnête, ouvert et équilibré.

Savoir créer les conditions de cette confiance et d'un échange où chacun exprime tout ce qu'il a à dire, dans le respect mutuel, est un gage de succès des conversations courageuses et de l'émergence d'une solution gagnant-gagnant (but recherché). Ou, à minima, d'une ouverture à poursuivre l'échange et à construire progressivement une troisième voie meilleure pour tous les protagonistes.

### Nous sommes tous interdépendants

Pour vous y aider, vous pourrez à tout moment vous remémorer le que nous sommes tous interdépendants.

Plus nous en prenons conscience et plus nous nous sentons reliés aux autres.

- Lors de la pandémie de la Covid 19, cette interdépendance est devenue une évidence.
- Alors que nous étions tous challengés, entraide et solidarité sont quasi-immédiatement apparues à la plupart d'entre nous comme seul moyen de nous en sortir et de continuer à vivre, produire et distribuer les essentiels, y compris quand cela devait passer par une collaboration interentreprises, internationale, intergénérationnelle.

Nous sentir reliés et interdépendants facilite le « décentrage » de nos seuls enjeux et intérêts. Ceci permet le partage d'informations utiles, énoncées en conscience de la contribution qu'elles représentent pour l'émergence d'une solution durable et équilibrée que tous les protagonistes recherchent alors (plus) aisément.

Alors, entièrement focalisés sur l'intérêt général, l'intérêt commun ou l'intérêt supérieur, quel que soit le nom qu'on lui donne, pour l'équipe, pour l'entreprise et pour la société dans son ensemble, chacun œuvre à son échelle et avec ses talents à rendre possible l'impossible.

**✍ Le bénéfice « ICF »**

Dans cet état d'esprit, nous cessons de « compter », de regarder si nous faisons plus ou moins que notre voisin à un instant « T », confiants que notre action et notre façon de voir peut faire une grande différence et, qu'ensemble, nous pouvons trouver des solutions qu'aucune des parties n'aurait trouvé dans son propre silo, dans sa propre organisation, dans son seul champs d'action.

Le défi majeur de nos sociétés, aujourd'hui, le défi climatique, est une belle illustration de ce principe et des choix qui en découlent au niveau de chaque entreprise, de chaque dirigeant et de chacun d'entre nous.

Il ne se passe plus, d'ailleurs, un seul débat, une seule table ronde, une seule animation d'équipe, sans que ne soit abordée la question du curseur à définir entre la responsabilité des entreprises et les impacts sur le P&L des choix faits en responsabilité et en conséquence de cet impact sur le climat des activités des entreprises. Ne serait-ce que par les choix de sélection des matières premières et d'investissements, quand ce ne sont pas des choix de mode de production à revisiter, de business model à réinventer.

## Créer les conditions de la confiance - Résumé de quelques clefs essentielles [8]

La confiance appelle la confiance : un cercle vertueux

- Plus il y a de connaissance, d'écoute et de respect de soi et plus il y aura ouverture, écoute et respect de l'autre, des autres.
- Plus il y a de connaissance, d'écoute et de respect mutuels et plus il y aura de confiance et de partages d'expériences utiles.
- Plus il y a d'équilibre et de confiance dans les échanges et partages d'expériences utiles, et plus le niveau de confiance sera élevé et s'élèvera entre les membres de l'équipe, du collectif ou de l'organisation.
- Plus chacun sera en confiance et plus il/elle partagera d'informations.
- Plus il y aura de partages authentiques d'informations et plus l'intelligence collective pourra être activée, bien supérieure à la somme des intelligences individuelles prises séparément.
- Plus l'intelligence collective sera à l'œuvre et plus, en retour, l'écoute et le respect de soi et des autres seront présents et de qualité

  ☞ Plus les protagonistes de la conversation partageront la volonté que chacun sorte grandi, enrichi, des interactions et

[8] Pour plus de détails, je vous renvoie à l'un autre de mes livres : « *La confiance, un nouveau leadership* ? », livre blanc publié en 2014 dans les suites d'une série de rencontres sur ce thème avec des dirigeants issus de larges organisations, dont certaines vidéos sont visibles sur notre site www.rethinkandlead.com

plus chacun sera déterminé à considérer les différences de points de vue, de points de départ comme une richesse, une information qui permettra de co-construire la meilleure solution. Et plus grande sera, in fine, l'intelligence collective par laquelle les biais s'annulent et les talents se cumulent.

☞ Sans cette confiance, les intelligences individuelles restent supérieures à l'intelligence collective car les différents membres du collectif n'osent pas exprimer leurs avis, leurs points de vue, leur différence, et le collectif en sera privé de leurs apports.

## Aller plus loin

La confiance est aussi le fruit d'une histoire, d'expériences ou de cultures :

- Une culture qui nous est propre, c'est-à-dire notre manière de regarder et d'aborder le monde et ceux qui nous entourent
- Une culture d'équipe ou d'entreprise lorsque les dirigeants et l'écosystème-organisation permettent à chacun de se sentir en capacité d'être soi-même et d'interagir librement, de s'exprimer et d'agir en confiance e en autonomie respectueuse des objectifs fixés et des autres.

☞ Selon l'historique de chacun des protagonistes, avec la confiance, la confiance mettra plus ou moins de temps à s'installer, se construire et sera plus ou moins fragile. D'où un besoin d'attention particulier lors de ces conversations courageuses.

# ZOOM N°1
# Conversations courageuses - Résumé des étapes

Pour faciliter la mémorisation, je vous propose en résumé mnémotechnique les différentes étapes au travers de l'acronyme C.O.U.R.A.G.E.U.S.E.

# ZOOM N°2 -
# Deux piliers essentiels des conversations courageuses

Si vous ne deviez retenir que deux éléments de tout ce que nous venons de voir, je vous inviterais à prendre en compte et faire de manière ferme et définitive deux « pas de côtés » décisifs.

Ces deux « pas de côtés » majeurs, essentiels, par rapport aux approches généralement enseignées pour faire face à des situations à forts enjeux, sont déterminants pour rendre possibles ces temps d'échanges véritables que sont les conversations courageuses.

> ✍ **A noter**
> Ils peuvent être vécus parfois comme contre-intuitifs par celles et ceux qui, comme la majorité d'entre nous, ont été élevés dans une logique de « négociation permanente » basée sur l'établissement de rapports de force entre les parties et sur un postulat erroné d'un « si je gagne, tu perds ».

Mais, si vous êtes déterminés à les mettre en œuvre, vous verrez combien ils transforment les relations, et par ricochet les dynamiques et de la culture de votre équipe, de votre entité ou de votre organisation.

### ▶ LA PREUVE PAR L'EXEMPLE

Pour les découvrir, passons par un exemple concret et suivons Maxence dans sa découverte de ces deux piliers, *in situ*.

Depuis plusieurs mois, deux entités de deux branches de la même grande organisation travaillaient en parallèle à des projets concurrents l'un de l'autre à destination de la même cible et avec quasi les mêmes investissements, sans le savoir. Mais depuis plusieurs semaines, les managers des deux projets eurent finalement connaissance l'un de l'autre lors d'un comité d'arbitrage des investissements. Mais l'un et l'autre décidèrent de ne pas prendre contact avec l'autre. Ils se mirent à se « battre » par chefs interposés pour tenter de prendre le contrôle de l'autre projet à son insu et l'amener dans le giron de l'entité. L'un des projets se trouvait dans le giron d'une branche « historique » de l'entreprise qui par ce projet entendait endiguer partiellement le déclin de son marché et l'autre se trouvait rattaché à une entité nouvelle, issue d'un rachat, destinée à compenser les pertes de la branche historique par ses apports au Groupe. Pour cette entité, qui opérait déjà sur un marché proche, ce projet était un moyen de consolider ses positions et d'élargir son offre et pour Maxence, l'occasion de montrer qu'il savait se renouveler.

Quand Maxence évoqua la situation dans le cadre de l'un des « Labs[9] » d'un de nos programmes, consacré à la puissance des « conversations courageuses » pour sortir des conflits et les transformer en opportunités de collaborer pour un « meilleur », ensemble, son intention était claire. Il souhaitait illustrer par son exemple l'impossibilité d'appliquer ce que nous venions de voir. Pour lui, il lui semblait totalement impossible d'avoir cette conversation courageuse avec son homologue.

Intrigués, ses pairs décidèrent à l'unanimité de « jouer la situation » puisqu'elle leur semblait refléter des situations qu'ils avaient déjà

---

[9] Espace d'expérimentation d'autres manières de faire, entre pairs, au sein d'un espace sécurisé et confidentiel

rencontrées ou personnellement vécues dans leurs organisations respectives : des P&L concurrents au sein d'un même groupe et une difficulté à arbitrer.

Sans surprise, quand Maxence joua son propre rôle dans la situation et dans la réunion du lendemain, il campa sur ses positions. Pendant tout le « jeu de rôle », il fit l'autruche et s'évertua, le cas échéant, à fermer la porte à toute tentative d'ouverture ou de rapprochement de la « partie adverse ». Persuadé d'être soutenu par son patron, dont le poids au Comex était plus important que celui de l'autre membre du Comex dont dépendait l'autre entité, puisque cette dernière était désormais en déclin, il n'y voyait aucun intérêt.

Telle ne fut pas sa surprise en découvrant la réaction unanime de ses pairs en fin de simulation.

Tous étaient choqués qu'il ait pu, ainsi, camper sur ses positions. Ce, malgré la situation critique, qu'il leur avait dépeinte avant de commencer, dans laquelle se trouvait le Groupe qui abritait les deux entités. Et encore plus après toutes les ouvertures tentées par Frédéric, jouant le manager de l'autre entité, pour trouver un mi-chemin non seulement acceptable, mais gagnant et durable pour les deux entités. Tous s'étonnaient que Maxence soit resté aussi longtemps dans une attitude de « tout ou rien », de « quitte ou double », qui mettait dans les faits en danger les deux projets à la fois.

Lors du debrief de Frédéric, qui jouait cet autre manager, le cri du cœur, posé mais sincère, de ce dernier surprit Maxence, qui pensait avoir formidablement bien abordé la négociation et être ressorti plus fort de la séquence. Il avait, en effet, à ses yeux presque « eu Frédéric et son chef à l'usure » :

« Je ne comprends pas. Du contexte que tu nous avais donné en préambule de cette simulation et de tes réponses aux questions que nous t'avons tous posées, il est clair pour moi que suivre la stratégie que tu as défendue reviendrait certes à préserver tes positions sur le marché, mais cela vous permettrait moins de gain et moins de marge que si l'autre entité opérait avec votre soutien..."

Maxence sourit, comprenant que Frédéric avait percé sa stratégie à jour, avant de pâlir littéralement en voyant que Frédéric était sérieux.

Maxence était, en effet, bien conscient de ce qui se jouait, mais pour lui, saisir les perches tendues lors de la conversation qui venait de se dérouler lui semblait aller contre ses propres intérêts et ceux de son entité, sur lesquels son bonus et celui de ses équipes étaient évalués. Il lui semblait donc naturel de « défendre son territoire », même si cette stratégie ne servait pas forcément les intérêts de son actionnaire, le Groupe.

Il demanda à Frédéric de répéter son point.

Devant son insistance, il perdit momentanément patience et tenta de se justifier. Mais devant les regards de ses pairs, unanimes en faveur d'une autre stratégie, il accepta d'inverser les rôles avec Frédéric et de reprendre la simulation en « spectateur », jouant son propre chef.

Je pris le rôle précédemment tenu par Frédéric (avec l'engagement de répéter exactement les mêmes ouvertures que celles qu'il avait précédemment proposées) et Frédéric prit le rôle de Maxence.

A la différence de Maxence, Frédéric n'attaqua pas directement l'échange sur les points qui achoppaient depuis des semaines. Il prit, au contraire le temps de revenir dans le préambule sur l'intérêt du Groupe. Et la conversation prit un tout autre tour. Maxence, fermement décidé à camper les positions de son chef, égales à celles qu'il avait lui-même défendu auparavant, ne parvint pas à tenir son cap jusqu'à la fin du jeu de rôle. Acculé par l'ouverture, la patience et la cohérence des arguments de Frédéric, il commença, à sa propre surprise, à faiblir dans sa détermination à vouloir opérer le marché seul. Il se mit, sans même s'en rendre compte, à saisir lui aussi les perches tendues, presque « à son corps défendant ».

Par son intention persévérante de « trouver une solution qui permette aux deux entités d'y gagner toutes les deux en opérant conjointement là où ils se seraient concurrencés », Frédéric avait réussi à créer les conditions pour que chacun partage les informations qu'ils avaient en leur possession sur le marché, les concurrents. Chacun se mit ainsi à collaborer pour décrire les intérêts et les risques qu'ils trouvaient aux scénarii évoqués *(opérer séparément, l'un ou l'autre, ou ensemble)*. Ils cheminèrent ainsi conjointement et naturellement vers une possible coopération avec des modalités définies de concert.

Frédéric, fervent convaincu comme moi de la puissance des conversations courageuses orienté sur l'intérêt commun, et habitué de ce type de situation à l'intérieur de sa propre entreprise, avait su mettre le ton, l'énergie et la volonté propices à adoucir l'ego de son interlocuteur et sa détermination à « manger le marché ».

Dans son debrief, Maxence nous partagea que l'effet de cette conversation courageuse était indéniable. Il n'avait, jusqu'alors vu que ses propres enjeux, sa prime et celles de ses équipes et son propre intérêt. Par le jeu de rôles et surtout l'attitude constructive mais ferme de Frédéric, il avait pu se placer dans les baskets de l'autre manager et aussi dans la tête des actionnaires de la holding.

Il percevait désormais combien l'intérêt du groupe n'allait pas dans le sens de ce qu'il avait initialement planifié et comprenait désormais bien la réaction de ses pairs dans la séquence précédente. Grâce à l'authenticité de Frédéric, il se rendit également compte qu'en s'ouvrant à d'autres possibles, en écoutant l'autre dans sa réalité, ses besoins et aussi ses contraintes, il pouvait aussi trouver une voie médiane qui lui permette, à lui comme à ses équipes, d'opérer pour l'autre branche et de minimiser ainsi l'impact sur les primes de chacun, qui seraient ainsi préservées.

C'est d'ailleurs ce qui se passa dans la conversation réelle du lendemain, que ce « jeu de rôle » lui avait permis de préparer !

Cette double séquence, réelle, illustre bien le double pas de côté nécessaire pour passer d'une logique héritée de notre système d'éducation et des systèmes en place à la culture recherchée par tant d'organisations aujourd'hui.

- Dans la première partie, Maxence se place dans une logique de négociation-rapport de forces. Il cherche à faire céder Frédéric.
- Dans la seconde séquence, Frédéric (jouant Maxence) est dans une logique de conversation courageuse. Il veut co-construire avec son « rival » une approche qui soit dans l'intérêt des 2 parties et du Groupe, auquel ils appartiennent

Découvrons maintenant les deux essentiels, utilisés par Frédéric, que l'on retrouve dans toutes les conversations courageuses

## 2 piliers au cœur du succès des conversations courageuses

- Gardez bien en tête ces deux piliers qui, tels les deux guides ou glissières de sécurité au bord de l'autoroute, vous éviteront de sortir de la route, même lancés à grande vitesse en environnement complexe et incertain.

Examinons maintenant plus en détails chacun de ces deux piliers, de ces deux pas de côtés par rapport aux approches traditionnelles.

### ▸ PILIER N°1 : « ON GAGNE ENSEMBLE OU ON PERD ENSEMBLE », UN ETAT D'ESPRIT DIFFERENCIANT

A l'opposé du traditionnel « je gagne/tu perds », à la base des négociations destinés à maximiser ses bénéfices à court terme, l'état d'esprit : « On gagne ensemble ou on perd ensemble… et perdre n'est pas une option ! »[10] amène une dynamique équilibrée et orientée plus long terme
Lors de mes recherches sur la confiance[11], le collectif[12] et la collaboration[13], j'ai cherché à comprendre pourquoi les dirigeants que je rencontrais sur le terrain s'accordaient tous à dire que confiance, collectif et collaboration étaient des accélérateurs de succès indispensables, voire des conditions *sine qua non* d'un fonctionnement d'équipe optimal, et pourquoi, dans la pratique, ils fonctionnaient si souvent très mal en équipe.

Après avoir examiné quelques pistes infructueuses, je finis par comprendre que le principal obstacle au collectif et à la collaboration vraie résidait avant tout, à minima en occident, dans le fait que nos sociétés occidentales nous ont formés à l'interaction, à la transaction et à la négociation selon un

---

[10] Pour en savoir plus, lire mon livre publié en janvier 2023, du même titre, aux Éditions ReThink & Lead.

[11] Voir l'article *L'intelligence collective, un nouveau leadership* en juillet 2013 : http://archives.lesechos.fr/archives/cercle/2013/07/12/cercle_76679.htm et le livre *La confiance, un nouveau leadership – Les 7 clefs de l'intelligence collective*, aux Éditions ReThink & Lead, 2015

[12] Voir le blog https://www.leleadercollectif.fr/ qui parle du livre *Le Leader Collectif*. Un nouvel Art du pouvoir, par Paule Boffa-Comby, Éditions Dunod en 2017 (et autres articles dans bibliographie)

[13] Voir le blog du livre : www.reussitecollective.com et le livre : *Changez de méthode* ! par Paule Boffa-Comby, Éditions ReThink & Lead, décembre 2019, ainsi que l'article *Le pouvoir du collectif*, par Paule Boffa-Comby, HBR du 2/5/2019 : disponible en ligne : https://www.hbrfrance.fr/chroniques-experts/2019/05/25797-le-pouvoir-du-collectif/

paradigme « je gagne, tu perds » ou son pendant « tu gagnes, je perds » plutôt que selon le paradigme « on gagne ensemble ou on perd ensemble, sans alternative possible ».

### 🔔 *Décaler son regard -faire l'expérience*

J'ai, pour ma part, pris conscience de ce paradigme en 1998, lors d'un voyage de plusieurs mois en Inde et particulièrement dans le premier mois, passé au Ladakh, pays situé en très haute altitude, dont une des particularités est d'être plongé sous la neige pendant 9 mois par an.

Présente au mois de juillet, en plein cœur de la saison de récolte, j'ai vu des femmes et des hommes travailler dur 8 à 10 heures par jour avec 80 kg sur le dos, sans jamais se plaindre. Ils m'expliquaient que leurs familles s'aidaient avec joie les unes les autres pendant les mois de moisson dès qu'un besoin se faisait sentir, parce qu'elles avaient conscience aiguë de leur interdépendance.

Si durant les 3 mois sans neige, ils ne cultivaient pas assez et n'avaient pas collectivement réalisées et stockées les « productions » attendues pour tenir les 9 mois suivants, enfermés dans leurs maisons, alors leur survie était en jeu. Chacun était donc attentif à ce qu'ensemble, ils unissent leurs efforts pour avoir ce qui leur était nécessaire pour le reste de l'année.

Leurs sourires dans l'effort et cet état d'esprit de solidarité et d'entraides m'ont marquée d'un fer rouge et je m'en souviens à chaque fois que deux membres d'une même équipe ou deux équipes d'une même entreprise n'arrivent pas à collaborer, par peur d'y perdre quelque chose ; oubliant la plupart du temps que leur P&L alimentent un même compte consolidé et que parfois « plus pour l'un » peut signifier « bien moins » pour l'organisation.

De fait, lorsque pendant des années, j'invitais les membres des équipes que j'accompagnais, à sortir d'un conflit ou d'une crise et à placer l'intérêt supérieur devant leurs propres intérêts dans les échanges et recevais le traditionnel « oui, mais qu'est-ce que j'y gagne, moi ? » *(Selon la célèbre méthode du « what's in it for me ? »).* Dans mon paradigme, j'y voyais simplement une « saine logique » et la prise en compte du principe de réalité. C'est ainsi que je finis par comprendre l'obstacle. Si « chercher ce qu'on y gagne » signifiait en effet « attendre que l'autre y perde quelque chose, l'état d'esprit et l'intention ne sont plus les mêmes et le cours que prennent les échanges ou les négociations non plus : l'autre le sent et se place immédiatement sur la défensive[14].

Dès lors, vous l'avez sans doute tous vécu dans vos vies personnelles ou professionnelles, la négociation ne se joue plus « cartes sur table » mais en « poker menteur ».

Or avoir confiance en l'autre et pouvoir avec lui avoir une conversation courageuse, qui fait avancer tous les protagonistes, implique d'avoir confiance dans le fait que l'autre, comme moi-même, allons sortir gagnant de cet échange. Comment, en effet, donner accès à l'autre à des informations sur moi, sur mes besoins, sur mon contexte ou sur mes attentes si je pense que l'autre s'en servira pour gagner contre moi (et donc me faire perdre ?

L'état d'esprit avec lequel nous entrons en relation, en interaction au sein du collectif, d'une collaboration est déterminant pour le résultat final.

---

[14] Le dilemme du prisonnier, énoncé en 1950 par Albert W. Tucker à Princeton, *up cite*

### ▸ PILIER N°2 - « UN DESACCORD REVELE TOUJOURS UNE INFORMATION »

A partir du moment où nous restons ancrés dans ce paradigme du « on gagne ensemble ou on perd ensemble », il devient évident qu'écouter l'autre et entendre sa vérité devient possible et même nécessaire.

Pour prendre une métaphore, imaginez-vous devant un puzzle de 500 pièces, à les trier par couleurs et par formes. Vous cherchez d'abord les pièces qui vous permettront de faire le tour. Après avoir vérifié plusieurs fois, vous vous apercevez qu'il vous manque six pièces à bord et que deux sont déformées. Réussir à reconstituer l'image du puzzle est dès lors impossible !

De même, comment imaginer construire une solution qui conviennent à tous les protagonistes, une solution équilibrée, sans la participation pleine et entière de tous les protagonistes de la conversation courageuse.

Par analogie, nous pouvons en effet dire qu'écouter tout ce que l'autre ou les autres ont à exprimer, c'est se donner la chance de déposer une à une les différentes pièces qu'il manque à notre puzzle et donc, progressivement, se donner une chance de pouvoir voir l'image globale apparaître devant nos yeux. « L'image globale » faisant référence à une issue équilibrée et durable pour les différentes parties.

## « *La partie et Le tout* » - *Chacun sa vérité ?*

Regardez l'illustration ci-dessous. Vous avez sans nul doute identifié l'animal qu'elle représente. Pourtant, que verrait cinq aveugles, si on les guidait vers différentes parties de l'animal, sans leur donner d'indices ? La réponse pourrait être moins évidente.

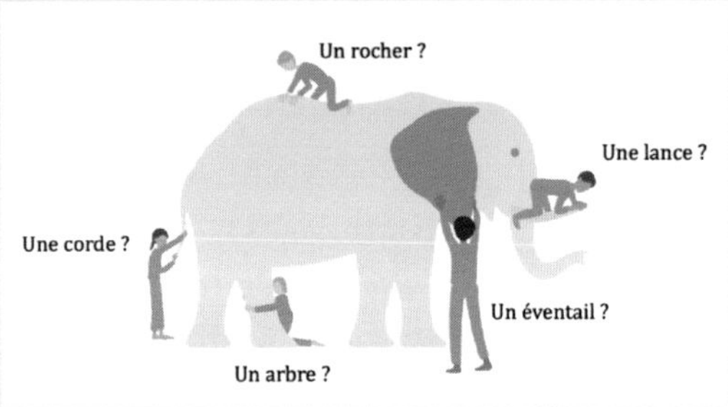


▸ Qui a raison ?

- C'est un arbre, s'écrit le premier, tâtant la jambe, dure et tortueuse
- C'est un éventail, répond le second, rafraichi par le vent produit par l'oreille de l'éléphant qu'agite
- C'est une corde, affirme un autre manipulant la queue de l'animal
- C'est un pic, répond un autre, touchant la défense
- C'est un rocher, rétorqua le dernier, touchant le dos de l'animal
- Bien sûr que non, s'exclama un enfant, de passage à hauteur du groupe. C'est un éléphant, vous ne voyez donc pas ? !

  ☞ Cela vous rappelle-t-il une situation vécue récente avec votre équipe, alors que chacun pensait comprendre une chose différente à partir de la situation vécue ou discutée ?

# ZOOM N°3 -
# Cas particuliers des conversations courageuses en mode interculturel

Dans nos cursus internationaux, comme dans nos accompagnements d'équipes internationales, nous sommes très vigilants à la manière d'amener ces conversations courageuses. Selon la culture, la construction de la langue, le système éducatif, les castes et les catégories socioprofessionnelles, les référentiels ne sont pas les mêmes.

### ✍ L'interculturel – le choc des cultures ?

- Pour un Japonais et une grande partie des asiatiques, en particulier ceux qui n'ont jamais étudié ou voyager en occident, regarder droit dans les yeux en situation de difficulté pourra représenter une offense quand, pour un Français, un Européen, un Américain et la plupart des occidentaux, ne pas regarder dans les yeux pourra être vu comme une marque de non-respect, d'arrogance ou de manque de confiance en soi.
- Pour un Marocain, une jambe croisée qui révèle une plante de pied sera potentiellement une provocation tandis que ce pourra être un geste vécu comme donnant de la contenance à un européen.
- Pour un africain, un Indien, un Malgache, le rapport au temps ne sera pas le même qu'un Européen, un Américain, un Australien ou un Russe, etc.
- Le verbe qui vient à la fin pour les Allemands force l'attention et peut changer le sens de la phrase au dernier instant.
- La manière qu'ont les Indiens de balancer leur tête de droite à gauche, selon une figure en forme d'infini, dont on ne sait

pas toujours dire si c'est un oui ou un non, peut être déstabilisante pour ceux qui ne savent pas la décrypter et hochent, eux, clairement la tête de haut en bas pour répondre.

- La manière de bouger ses mains ou au contraire d'être immobile, la manière de compter sur ses deux mains, les intonations, sont des codes appris et intégrés dès son plus jeune âges et peuvent avoir des sens très différents selon les coins du monde

Nous pourrions multiplier à l'infini les détails auxquels nous devons prêter attention lorsque nous savons que nous n'avons pas les mêmes référentiels. Ils sont aussi autant d'éléments à prendre en compte lors de ces conversations courageuses pour que leur impact reste positif.

Lors de nos animations de cursus internationaux ou d'équipes internationales, il nous arrive fréquemment d'adapter l'ordre d'apparition des éléments que nous partageons ou la manière d'amener les concepts abordés pour donner un maximum de chances aux participants de les accueillir et de les intégrer au mieux. Lorsque plusieurs cultures sont autour de la table, nous prenons régulièrement le temps de mettre ces différences culturelles au centre des conversations courageuses pour illustrer en même temps que nous l'abordons l'importance de ces référentiels et l'impact qu'ils ont sur nous et sur la performance collective.

## ✍ Jusqu'où aller ?

J'ai en mémoire un début de Lab, rassemblant une Canadienne-Américaine, un Égyptien, une Allemande, un Italien, un Espagnol et moi-même. Je pris conscience que la participante canadienne-américaine et le participant égyptien se mettaient soudain en retrait. Ma collègue allemande et moi-même furent interpellées. Je pris donc soin de faire un arrêt sur image et Kate put expliquer qu'elle n'avait pas l'habitude de ces contacts physiques (une main sur le bras) et qu'aux Etats-Unis cela aurait pu poser de vrais problèmes puisqu'ils ne se connaissaient pas. Ce qui mettait également très mal à l'aise notre ami égyptien, élevé par des militaires. En revanche, nos participants italiens et espagnols, à l'origine des gestes n'y voyaient aucun mal, bien au contraire. Pour eux, ces gestes étaient des marques d'attention tout à fait naturelles et positives, contribuant à lier la relation et à détendre l'atmosphère.

La manière même d'entrer en debrief ou en conversations courageuses pourra être adaptée. De même, je conseille à mes clients de connaître les fondamentaux sur la culture des pays où ils se rendent pour éviter les gestes signifiant le non-respect ou l'insulte, à proscrire bien sûr, Mais leur dis aussi de rester eux-mêmes de sorte de ne pas toujours être en surinterprétation.

Les conversations courageuses *in situ, dès* qu'une gêne est repérée, présentées comme des occasion d'apprendre ensemble, sont aussi autant d'occasions de tisser des liens durables.

### ✍ Prêtez attention, sans tomber pas dans l'excès.

Je garde toujours en mémoire ce directeur général américain qui m'avait interpellé lors d'une mission sur la mixité il y a plusieurs années alors que, devant une assemblée de 46 nationalités, j'avais relaté un fait concret. Les promotions se décidaient souvent lors de temps informels, séminaires d'équipes ou déjeuners et, puisque certaines cultures corporate américaines suggéraient aux hommes d'être le plus souvent possible accompagnés d'une autre femme s'ils invitaient une de leur collaboratrices à déjeuner, les femmes pouvaient finir par être désavantagées par rapport aux hommes. Ceux-ci pouvaient, eux, avoir ces têtes-à-têtes aussi fréquemment qu'ils le souhaitaient. Je me souviens des longues réflexions communes que nous avions eues pour trouver comment allier les deux objectifs et les fous-rires que nous avions finalement eus ensemble alors que nous cherchions à monter une formation spéciale pour contourner cet obstacle au cours d'un déjeuner, en tête à tête !

# ZOOM N°4 -
# Cas particuliers des conversations courageuses en mode hydride

Lors de l'épidémie de la Covid 19, le monde a basculé du jour au lendemain d'une quasi-exclusive présence physique requise aux réunions vers des meetings virtuels non-stop. Des ajustements drastiques dans l'animation des rencontres et des dynamiques collectives ont dû pallier le manque d'habitude et d'outils de qualité, sans que nous ne prenions collectivement toute la mesure de ce qui était en train de se passer. Beaucoup d'entreprises ont sous-estimé l'impact sur nos habitudes, nos interactions, nos prises de décisions, ainsi que sur le lien, et même nos cerveaux, comme le montrent désormais plusieurs études sérieuses de spécialistes des neurosciences.

Ces alternances de présences physique et de virtuelle existaient déjà pour les équipes internationales qui, par constitution, étaient dans l'obligation de trouver des manières d'optimiser sans cesse leur fonctionnement à distance depuis l'émergence d'outils.

**Fonctionner en équipes-projets à distance**

J'avais moi-même déjà été confrontée fréquemment à des modes *remote* et physique alternés, ou même concomitants selon les équipes, à mes débuts de ma vie professionnelle en tant que consultante chez Andersen Consulting (devenu Accenture). Lors de formations ou de missions multi-pays, nous avions ainsi été formés aux modes de fonctionnement spécifiques de ces équipes spécifiques. Au-delà des outils, le lien était fortement travaillé.

Pour ceux qui, comme moi, avaient déjà connu ces modes virtuels et hybrides, le réflexe a été de ritualiser les temps d'équipe, *online* et *on site,* et de réserver des temps réguliers à se retrouver « en présentiel » (dès qu'on l'a pu à nouveau) pour créer, consolider les liens, pour régler les points durs ou plus complexes ou pour aborder les potentiels « conflits ».

Puisqu'il n'était plus « automatiquement là » en distanciel, tout le monde s'est aussi rendu compte de l'importance de l'informel dans les dynamiques collectives. Je conseillais par exemple à mes clients d'installer des rituels, réguliers et identifiés comme tels, de temps de temps « off », reproduisant les « temps informels de la machine à café », sur les mêmes outils ou via le truchement d'outils différents en parallèle des temps « on » *(réunions formelles, rendez-vous planifiés).*

Cette bascule du « tout physique » au « tout virtuel », puis à l'hybride a vu deux grandes tendances émerger :

- Ceux qui ont su, dès le début, accepter un mode de communication dégradé et une dynamique d'apprentissage collectif et progressif. Ceux-ci ont réussi à conserver les rituels de conversations courageuses qu'ils avaient déjà installées dans la culture de leurs équipes avant et les ont adaptés au fil de l'eau.
- Ceux qui se sont refusés le droit d'aborder les sujets courageux à distance, craignant les conséquences de maladresses en ligne. Ceux-là ont préféré attendre le retour au bureau et se sont parfois trouvés devant tant de « petits » problèmes accumulés sans avoir été abordés qu'ils finissaient par avoir des montagnes d'obstacles et d'incompréhensions, plaçant des équipes entières, et certaines organisations, au bord de la rupture.

Les premiers se sont souvent vus comme les grands gagnants de cette révolution silencieux, ayant gagné en flexibilité, en autonomie et en qualité de vie et d'équilibre pro-perso grâce à des temps de trajets restreints.

Les seconds, leurs équipes et leurs organisations se sont parfois sentis très démunies, fragilisés voire « en souffrance ».

### ✍ Se rappeler l'objectif et adapter

Dès le début de l'épidémie, mis à part les 3 premiers mois de distanciel forcés, j'ai pour ma part insisté pour ne pas systématiquement passer l'ensemble des cursus en distanciel. Ceux qui ne pouvaient pas voyager et ceux qui étaient malades étaient *de facto* en ligne. Pour les autres, les décisions se prenaient par suite d'échanges avec eux, qui en même temps les préparaient aux problématiques rencontrées avec leurs équipes.

Ajuster au coup par coup, en fonction des situations semblait plus logique face à la tendance émergente de l'hybride comme solution d'avenir, répondant aux exigences environnementales comme aux attentes de certains.

Il a été fort intéressant de voir combien cette révolution de du télétravail à grande échelle a permis de poser un regard différent sur beaucoup de métier, dont le mien.

Je le pensais, comme beaucoup, exclusivement réservé au face à face, tant il repose sur le lien, sur des conversations courageuses et des dynamique collectives.

Pourtant, même si je ne peux pas dire que je préfère le mode distanciel, devant un écran où l'on ne croise jamais réellement le regard de son interlocuteur et où le décalage horaire peut créer des déséquilibres d'attention, je dois dire qu'animer, en individuel comme en groupe, en distanciel ou en mode hybride m'a permis de porter attention à de nombreux « petits riens », que je ne voyais pas forcément, et qui font désormais toute la différence, y compris en présentiel. Un constat partagé par beaucoup de mes clients.

## ✍ Hybride et point d'attention fréquents

Des points d'attention subsistent. Difficile d'avoir des conversations courageuses, en individuel comme en collectif, quand :

- Une ou plusieurs personnes refusent d'activer leur caméra ou n'ont pas le réseau suffisant pour le faire,
- Le réseau n'est pas stable et que les connexions sont intermittentes, hachurées, et qu'il faut répéter plusieurs fois les choses ou réintégrer en permanence ceux qui avaient momentanément décroché
- Les personnes sont en décalages horaires trop importants (notamment en inversés jour/nuit).

  ☞ Si au début, tout le monde leur prête une attention particulière et propose d'alterner les horaires, l'habitude finit par prendre le dessus et ceux qui sont sur le mode « nuit » peuvent perdre en qualité d'écoute ou se sentir moins respectés, voire peu considérés ou « sacrifiés ». Ce qui introduit de fait un rapport de force non facilitant.

- Les personnes sont de cultures ou de nationalités, de langues différentes. Ce qui nous ramène aux points précédents.

# Petit Manuel
# de
# Conversations Courageuses

# DE LA THÉORIE À LA PRATIQUE

**Des exemples qui ont permis des décisions courageuses & des passages à l'échelle réussis**

# Des exemples pour passer de la théorie à la pratique !

Ces temps d'échanges véritables, de conversations courageuses sont souvent qualifiés par celles et ceux qui les vivent comme étant « précieux », « cruciaux », « capitaux », « hors du temps », « incroyables », tant leur intensité, et surtout leurs effets, sont notables, univoques et durables. Ils marquent généralement un « avant » et un « après ».

Ces temps d'échanges véritables, de conversations courageuses ont toujours fait partie de la « recette » des accompagnements que j'ai la chance d'offrir depuis plus de vingt ans. Mais j'ai vraiment pris conscience de l'importance de la qualité de ces échanges, et de l'art qu'ils constituaient en soi, grâce aux regards, aux questions et aux retours de ceux qui s'y sont essayés à leur tour dans le cadre de déploiements à plus large échelle. Et aussi lors de difficultés ressenties ou réelles lors de ces « passages à l'échelle », quand la « démultiplication » des démarches engagées était freinée quand d'autres que mes équipes et moi-même, ou ceux que nous avions directement formés et supervisés, devaient entrer en scène et soutenir la démarche.

C'est au travers d'échanges avec les dirigeants et équipes accompagnées dans ces démarches de « démultiplication » que j'ai pu façonner cette « boussole[15] » du C5-Leader, répertoriant cinq

---

[15] La boussole « C5-Leader », décrite dans un précédent livre blanc publié en 2014, et ayant donné lieu depuis à un ensemble complet de C5-Diag$^{TM}$, individuel et d'équipe, et d'outils de 180 et 360 permettant d'accompagner les démarches de démultiplication.

facettes essentielles, cinq focus majeurs, destinés à guider les leaders, souhaitant accompagner ces « passages à l'échelle ».

Parmi ces cinq focus, j'ai naturellement consacré un focus sur la capacité à déceler ces situations potentiellement conflictuelles, à savoir les « poser sur la table », les discuter pour les transformer en opportunités de mieux comprendre, d'innover, de co-construire ou tout simplement de se développer dans sa capacité de « faire équipe ».

Depuis plusieurs années, les participants de nos cursus dirigeants peuvent ainsi observer la différence que ces temps d'échanges véritables, ces conversations courageuses, font dans l'approche adoptée avec leurs pairs, avec leurs équipes, notamment dans des situations complexes et de conflits ouverts ou larvés.

### ✍ Décaler son regard

Habitués des entretiens-négociations ou des conversations-recadrages, beaucoup ont d'abord du mal à entrer dans le modus vivendi « conversations courageuses », par définition équilibrées et ouvertes et visant un bénéfice pour toutes les parties.

Mais une fois entrainés et agréablement surpris des résultats sans appel obtenus lors des séminaires d'équipe ou lors de situations jouées dans les « Labs » que nous organisons pour les entrainer sans enjeux et sans risques, ceux-là osent ensuite les appliquer dans leur quotidien en situation réelle avec des taux de réussites qui les surprennent eux-mêmes.

Cette seconde partie sera donc constituée de plusieurs situations représentatives des situations les plus souvent abordées lors de ces sessions « entre pairs » ou lors de coachings individuels ou d'équipes, dans lesquelles j'ai bien sûr modifié les noms et quelques éléments pour préserver la confidentialité des personnes et des situations évoquées. Ces exemples choisis seront abordés tantôt par des extraits, retracés sous forme d'un dialogue complet et commentés, et tantôt au travers d'un « filage » d'une mini-série de conversations courageuses pour décrire l'évolution de l'échange sur plusieurs phases quand cela présente un intérêt pour l'apprentissage.

Quand une comparaison sera établie entre deux types de conversation, je vous invite à d'abord lire l'une d'entre elle (la colonne de gauche) dans son intégralité avant de découvrir l'alternative dans la colonne de droite.

Ceci nous permettra de voir, par le concret, comment se déclinent les éléments posés précédemment et d'insister sur des éléments complémentaires que nous n'avons pas encore abordés.

# EXEMPLE 1- Conversations courageuses : Désaccord au sein de l'équipe

Ramon* venait de prendre son nouveau poste et se retrouvait à la tête d'une entité, qu'il avait bien connue par le passé pour avoir occupé un poste d'adjoint. D'impossibles discussions entre les équipes vente et les équipes de production affaiblissaient alors les positions de l'entreprise dans la région.

A son arrivée, Ramon trouva la situation encore dégradée. Après quelques semaines d'observation, il décida de réunir autour d'une même table son adjoint en charge des ventes et son adjoint en charge de la production, même si les deux l'avaient prévenu que depuis des mois, ils ne se parlaient plus que par l'intermédiaire de son prédécesseur. Ramon n'entendait pas continuer d'intermédier. Les risques pour l'usine étaient trop grands et les marges commerciales se dégradaient, même si le chiffre d'affaires était, lui, en légère augmentation.

Je vous invite à prendre connaissance des dialogues entre Ramon, John et André, ci-dessous, en commençant par lire l'intégralité des colonnes de gauche. Et de ne passer aux dialogues de la colonne de droite qu'une fois finie la lecture de l'intégralité de l'autre dialogue, de sorte de pouvoir vous faire une idée sur les deux scénarios avant de découvrir notre décryptage.

**DIALOGUE 1-**
Version Conversation «Négociation-Recadrage »

**R** : Bonjour à tous les deux, je vous ai entendus, chacun séparément, me parler de la situation et de votre difficulté à communiquer. Je vous réunis aujourd'hui pour arbitrer les points sur lesquels vos échanges achoppent depuis plusieurs semaines.

De ce que j'ai compris, André, tu es sur le point de passer des commandes dans l'usine du groupe qui se trouve au Portugal et qui, en surproduction, te facturerait des prix de transfert inférieurs à ceux que pratiquent John. Et John, tu te plains que les équipes d'André se concentreraient trop sur les produits moins chers, plus faciles à vendre, et feraient trop peu d'efforts pour accroître notre présence sur les segments plus premium, qui nous permettraient d'avoir des marges correctes et de pouvoir ainsi travailler à une qualité irréprochable. Ai-je bien compris ?

**DIALOGUE 2**
Version Conversations Courageuses

**R** : Je sais que vous partagez tous deux mon attachement à cette entreprise. Je suis d'ailleurs très heureux de vous retrouver en revenant aujourd'hui à la tête de cette entité. Je suis sûr que nos bonnes relations passées, et la bonne connaissance que vous avez chacun des atouts et des points d'amélioration de vos services respectifs et de notre entité, nous permettront de faire équipe pour renouer avec le succès. Et parler, le cas échéant, sereinement, et avec ouverture de ce qui doit être évoqué pour trouver ensemble les meilleures façons d'avancer.

**A** : Je suis d'accord avec toi pour dire que nous avons de larges marges de progression pour renouer avec le succès que nous avons pu connaître par le passé quand tu dirigeais l'usine. Je suis prêt à te redire ce que j'ai déjà écrit à John maintes fois, ce que nos clients nous demandent.

**R** : Je suis ravi que tu sois prêt à échanger et je pense que John le

**A** : Avant d'en arriver là, j'ai tenté plusieurs fois de demander à John, et à défaut de revoir ses prix de transfert, que ses équipes travaillent à un SAV de meilleure qualité de sorte que nos clients comprennent pourquoi ils paient un peu plus que la concurrence. Mais je n'ai pas eu de retour satisfaisant de sa part. On m'a dit, d'ailleurs, que notre usine au Portugal était très bien notée sur son suivi SAV.

**J** : Et moi, j'ai tenté à maintes reprises d'expliquer à André et à ses équipes qu'il ne servait à rien d'augmenter notre chiffre d'affaires sur la gamme, qu'ils s'évertuent malgré tout à vendre. Cela plombe nos marges et peut à terme mettre en danger l'usine. Il ne veut rien entendre ! Il continue alors que je suis certain que les clients seraient, pour une grande majorité, prêts à passer à notre gamme Premium, bien plus respectueuse de l'environnement et plus durable dans le temps. Mais cela demanderait un effort à André pour adapter ses supports de vente et mieux former et suivre ses équipes !

sera aussi. Mais j'aimerais d'abord t'entendre sur ce que tes équipes pourraient proposer pour mieux adresser les besoins de nos clients. De même pour toi, John.

J'aimerais vous proposer de prendre quelques minutes, l'un comme l'autre, pour y réfléchir. Puis, nous en parlerons ensemble et ensuite, mais ensuite seulement, vous pourrez formuler les demandes vers les équipes de l'autre. Cela vous semble-t-il une bonne suggestion ?

**J** : Ok pour moi.

**A** : Ok pour moi aussi.

### « L'importance et l'impact déterminants de l'entrée en matière »

L'entrée en matière est clef et l'influence que celle-ci a sur la tournure que prend l'échange, ainsi que sur l'engagement des parties prenantes à aboutir à un dénouement positif.

- La première approche prise par Ramon (colonne de gauche) était pensée pour lui permettre de « garder le contrôle des événements ». C'est lui qui y abordait les sujets et « les points qui fâchent ».

  ☞ Dans les faits, cette approche a créé un sentiment d'autorisation pour les autres d'en dire plus et ce, d'une façon tout aussi directe et abrupte que Ramon. Ce qui, dans les faits, a abouti à un début d'escalade de part et d'autre, conduisant Ramon à devoir ajourner l'échange aux vues de la tournure houleuse qu'il prenait.

- A droite, l'approche de Ramon, revue après que nous en avons débriefé ensemble, on retrouve les deux ingrédients essentiels des conversations courageuses que sont l'état d'esprit « on gagne ensemble ou on perd ensemble et perdre n'est pas une option » et la conviction que les divergences de points de vue sont autant d'informations qui permettent à une autre solution d'émerger.[16]

Peut-être avez-vous pensé, en lisant la première conversation menée par Ramon qu'elle était déjà courageuse puisqu'il a osé relaté ce qui lui avait été rapporté en face des deux protagonistes qui ne se parlaient plus. Dans notre définition, rappelez-vous néanmoins que cela ne suffit pas : le but affiché et assumé, d'une conversation courageuse est de construire un « meilleur ensemble ».

---

[16] Voir le zoom 2 sur ce sujet

### Aller plus loin

Et vous ? Vous reconnaissez-vous plutôt dans l'approche initiale ? ou dans l'approche de la colonne de droite ?

- Pouvez-vous noter, pour vous-mêmes :
  - ☞ Les avantages que vous trouvez à l'approche traditionnelle (version « conversation recadrage-négociation »)
  - ☞ Par exemple, avoir l'impression de maîtriser l'échange et de se donner les moyens de pouvoir prendre la bonne décision, d'arbitrer.
  - ☞ Les avantages que vous trouvez à l'approche « conversations courageuses » (colonne de droite).
  - ☞ Par exemple, le fait que les uns et les autres ne peuvent plus repartir dos à dos et rejeter la « faute » sur l'autre.
- Pouvez-vous noter, pour vous-mêmes,
  - ☞ Les inconvénients que présente cette approche traditionnelle,
  - ☞ Les inconvénients que présente l'approche « conversations courageuses »,
  - ☞ Quel enseignement pourriez-vous en tirer pour mieux aborder une situation de ce type ?

Poursuivons maintenant la suite des échanges « option colonne de droite » pour en voir l'évolution.

**R** : Merci messieurs, je vois que vous avez tous les deux fini de réfléchir (les stylos sont posés). Je vous propose donc que nous commencions. Qui de vous veut commencer ?

*Vous noterez ici que, par cette invitation libre, Ramon signifie habilement qu'il n'est pas le censeur de l'échange et ne distribue la parole. Il permet aussi à chacun de prendre son temps et de ne parler que lorsqu'il est prêt et volontaire. Son non-verbal est ouvert et bienveillant. Pas de pression ni par le regard, ni par le ton.*

*Nous l'avions anticipé en préparant l'entretien, quelques minutes s'écoulent. Ramon ne reprend pas la main, ne comble pas l'espace. Il reste silencieux, à l'écoute, dans l'accueil de ce qui est, mais reste alerte, présent pour que chacun sache qu'un échange est attendu.*

*Finalement, André relève la tête.*

**A** : J'ai eu des propos un peu vifs tout à l'heure, John. Je suis conscient que tu fais ce que tu peux pour atteindre tes objectifs et conserver la production, les emplois dans l'usine. Je sais combien cela te tient à cœur de préserver le bassin d'emploi local après toutes les fermetures récentes. Je suis né ici, comme toi et j'aimerais moi aussi qu'on y arrive, ensemble.

*John ne s'y attendait pas. Il releva la tête pour vérifier que André ne se moquait pas de lui. Il avait attendu cet échange depuis plusieurs mois. Il s'était préparé à ce qu'André l'attaque à nouveau, comme il le faisait toujours. Il se sentait maintenant un peu désarçonné. Il choisit néanmoins de dire quelque chose de constructif, lui aussi.*

**J** : Oui, cette région a déjà bien souffert. Pourtant, elle a du potentiel ! Je suis sûr qu'ensemble, nous pouvons faire quelque chose.

*Ramon avait atteint son objectif, le dialogue était renoué. Nous n'étions pas encore dans le dur des propositions de l'un et de l'autre, mais son premier but était atteint. Les deux protagonistes partageaient maintenant son état d'esprit du « on gagne ensemble ou on perd ensemble. » Ils avaient bien avancé !*

## « Un billard à trois bandes »

Quand la relation est abimée, chacun a besoin de temps pour se reprendre et se rappeler qu'il a une part de responsabilité dans le problème et donc dans la solution.

- En nommant l'attachement commun d'André et de John à leur entreprise, ainsi que leur bonne connaissance de leur métier respectif, Ramon remet tout le monde « dans le même bateau », sur un objectif commun qui pourra les rendre fiers, tous les deux.
  - ☞ Après avoir été en froid ou en tension, les protagonistes ont besoin de revenir en zone « neutre », pour souffler avant de pouvoir refaire alliance. En trouvant un sujet d'entente et d'accord, Ramon permet cette « zone neutre ».
  - ☞ Trouver des solutions pour ou avec quelqu'un qu'on apprécie, avec lequel on sent un affect positif, est toujours plus simple que de trouver des solutions pour ou avec quelqu'un que nous affrontons régulièrement.
  - ☞ Proposer à André et à John un temps de réflexion, en silence participe aussi de cette « zone neutre »
- Par ailleurs, leur demander de réfléchir en premier lieu à ce que leurs propres équipes pouvaient faire pour contribuer à un retour au succès replace chacun dans son rôle au sein de l'organisation et dans ses propres responsabilités dans la réussite collective.
  - ☞ Cela permet de « défocaliser le problème de la relation vers le rôle professionnel. C'est sans doute ce qui a permis à André de prendre le contre-pied de ses réactions habituelles et de reprendre l'échange en ouverture.
  - ☞ Donner le temps au temps en pareil cas n'est pas du temps perdu. Bien au contraire, c'est essentiel.

✋ Respecter les autres et vouloir un échange ouvert ne signifie pas tout accepter d'eux. En coupant André dans son élan alors qu'il s'apprête, à son tour, à reprendre les anciennes habitudes et à parler pour John, voire à le critiquer de manière détournée sous couvert de (vraie-fausse) proposition, Ramon affirme son cap, sa présence « garde-fou » et permet à la conversation courageuse de se poursuivre, en vérité et chacun en « son nom propre ».

### Aller plus loin - « Faire sa part. Prendre part »

Permettre une conversation courageuse c'est aussi, après avoir (re)créé les conditions de la confiance. Et vous,

- Savez-vous reprendre l'initiative quand les autres ne la prennent pas et proposer une approche qui rapproche et rend possible ?
- Pensez-vous à inviter chacun à parler en « Je », en son nom, pour faciliter l'échange et le passage à l'acte ou, à minima, la prise de responsabilité ? Avez-vous conscience que si vous laissez quelqu'un parler au nom de quelqu'un d'autre, « la pièce apportée sur la table » aurait forcément été déformée ?
- Êtes-vous prêt à recadrer, si nécessaire, lorsque l'un des protagonistes se met à prendre la « conversation en otage » ou à « parler à la place de l'autre » sans que cela n'ait été convenu ainsi entre les différents protagonistes ?

Nous ne retranscrirons pas ici l'intégralité de cet échange. Mais, vous le devinez sans doute, la suite a été fructueuse. John a pu poursuivre ses idées, André a pu déposer les siennes et l'un et l'autre ont pu entendre que la plupart des propositions qu'ils faisaient prouvaient qu'ils avaient aussi entendu les points et demandes de l'autre. Si bien, d'ailleurs, que les besoins exprimés étaient, pour la plupart, dans la continuité de ce qui avait déjà été dit.

## ✍ « Incarner une autre approche »

En proposant un changement de regard, Ramon a permis aux relations houleuses qui avaient duré des mois entre André et John, engendrant une escalade d'attaques et de propositions tout aussi provocantes les unes que les autres, de pouvoir se transformer en échanges constructifs pour les deux protagonistes et pour l'organisation.

- Grâce à la persévérance de Ramon dans le cadre proposé avec bienveillance et fermeté, André et John ont pu se retrouver, en conscience, autour d'un objectif commun qui faisait sens pour eux deux (*préserver le bassin d'emploi d'une région qui était la leur et aussi « sortir par le haut » de cette période compliquée et désagréable « parce qu'ils le méritaient bien »*).
- Ceci a créé l'espace pour qu'ils puissent partager en vérité « leur part du problème et donc de la solution », ainsi que ce qu'ils aimeraient pouvoir attendre de l'autre. Le tout, en se sentant respecté, écouté et entendu.

  - ☞ La présence bienveillante et rassurante de Ramon, mais aussi le cadre ferme et assertif qu'il a su poser ont été des éléments déterminants de cette conversation courageuse et très certainement des nombreuses autres qui ont suivi.
  - ☞ C'est aussi la récurrence de ces « conversations courageuses » qui agit et concourt, par touches successives, à la durabilité des réflexions, actions, changements ou transformations engagés, et infusent ce faisant une culture commune entre les protagonistes.

  - ☞ Plus cette culture infuse et plus il devient facile pour chacun des acteurs de recentrer le collectif sur les bons sujets en se demandant régulièrement « A quoi sert la conversation ? »

# EXEMPLE 2- Conversations courageuses : La carte n'est pas le territoire

Kenzy* est en charge d'une activité historique d'un grand Groupe en pleine mutation des activités historiques, qui emploient encore la majorité des personnes et assurent une grande partie du chiffre d'affaires du Groupe vers les activités nouvelles, appelées à prendre le relais le plus rapidement possible.

Le jour-même, Kenzy apprend que pour marquer cette transition et sa détermination à accélérer, le groupe a pris une décision symbolique : geler tout recrutement dans les activités historiques.

Une décision, qui affecte tout particulièrement l'activité de Kenzy qui, justement, devait remplacer un poste-clef dans ses équipes. Un poste-clef, sans lequel il sera vite compliqué pour Kenzy d'être en mesure d'opérer dans un domaine ultra-spécifique, à très fort enjeu pour le Groupe et aux cycles très longs.

Kenzy, très préoccupé, soumet ce jour-là cette difficile équation à son groupe de pairs[17] qui décide, pour l'aider, de jouer la réunion prévue le lendemain avec la DRH de sa branche, en liste pour une promotion prochaine, et son DG, nouvellement membre du Comex du Groupe.

---

[17] Dans le cadre de sessions d'un de nos programmes exclusivement dédié aux dirigeants-clefs

K : Merci Yannick*, merci Paola* de prendre cette demi-heure avec moi. Vous le savez, je travaille depuis des mois à la nouvelle stratégie de mes activités, ainsi qu'à l'anticipation du renforcement des postes-clefs qu'il me faut absolument consolider pour être en mesure d'opérer de façon sereine, efficace et sécuriser ce pan du Groupe, comme vous me l'avez demandé. La décision récente du Comex de geler tout recrutement dans les activités historiques me plonge donc dans un dilemme que je ne peux résoudre seul.

*Pause. Kenzy fait passer son regard, tranquillement, de l'un à l'autre pour s'assurer que Yannick et Paola sont bien avec lui. Avant de continuer, calmement.*

Il me semble évident que je ne peux pas reprendre la parole donnée à Peter, avec qui je discute depuis des mois pour le décider à venir. Ses compétences sont exactement celles que nous recherchons et il partage en grande partie notre culture d'entreprise. De plus, il serait sinon vite récupéré par la concurrence. A la fois, avancer plus avant requerrait théoriquement que je signale ce recrutement au Comex pour validation. C'est-à-dire que je nous place tous les trois, vous comme moi, en vulnérabilité. (Pause).

*Kenzy resta les yeux dans les yeux avec Yannick, puis Paola, sans les lâcher du regard. Il vit néanmoins instantanément les visages chercher à fuir son regard, comme il l'avait anticipé.*

P : Nous pourrions peut-être repousser l'échéance de la signature du contrat de quelques semaines. Cela fait des mois que les discussions sont engagées, il peut sans doute attendre.

*A ces mots, Kenzy sentit une alerte. Un sentiment qu'il connaissait bien, quand il était touché dans ses valeurs. Il avait donné sa parole et, selon ses valeurs et ses essentiels, une parole était une parole. De plus, Peter avait déjà signalé son départ à son employeur pour organiser la transition de façon propre. Le laisser dans un entre-deux, à ce stade-là, ne lui semblait ni correct, ni envisageable.*

*Kenzy se rendait bien compte que pour Paola, qui venait d'un petit pays à l'échelle du Groupe et avait franchi tous les échelons jusqu'à cette nouvelle marche se serait bien passée de ce dilemme. Mais il voulait croire qu'en en parlant, ils pourraient trouver tous les trois la bonne manière de faire.*

*Il guetta, silencieux, la réaction de Yannick. Il restait silencieux.*

K : Cela ne me semblerait pas dans nos valeurs et notre éthique de faire cela. De plus, cela se saurait sur le marché. Je suis conscient que nous opérons une transition majeure mais, nous le savons tous, elle va prendre du temps. Pendant ce temps, ce sont bien nos activités qui financent les autres, or nous ne pouvons pas opérer sereinement sans renforcer ce poste et Peter, nous en sommes tous d'accord, est LA personne pour le poste. Nous ne pouvons pas ne pas l'accueillir comme prévu. Pour Danielle, c'est un peu différent. Nous pouvons gagner quelques semaines, mais Peter…

## « Avoir le courage de ses valeurs »

Cet exemple illustre la difficulté de se retrouver dans une situation où différents enjeux se mêlent et où différentes parties de nous peuvent se retrouver en conflit.

- Kenzy ressent un conflit de valeur ou d'intérêt réel.
  - ☞ D'un côté, il souhaite être loyal à son chef et au CEO de l'entreprise, qu'il respecte et admire. Une personne, qui lui a offert l'opportunité unique d'être à la tête des activités qu'il dirige, avec toute sa confiance.
  - ☞ De l'autre, s'il ne recrute pas maintenant la bonne personne au poste clef qu'il doit pourvoir, il ne pourra pas délivrer. Ce, pour longtemps puisque les investissements dans son domaine se décide des années à l'avance.
  - ☞ Par ailleurs, il se sent engagé envers la personne qu'il souhaite recruter et sait qu'il perdrait quelqu'un de vraiment qualifié, avec une expertise très rare.
  - ☞ Enfin, Kenzy est persuadé qu'en allant parler directement à son CEO, celui-ci comprendrait et ferait une exception, mais son DRH de branche et son N+1, pris dans des enjeux personnels ne souhaitent pas prendre ce risque.

☝ Attention, lorsque nos valeurs sont en jeu, mieux vaut se poser tranquillement pour regarder plus attentivement ce qui se joue

## Quelques questions pour aller plus loin :

- Quand vous êtes touchés dans vos valeurs,
  - ☞ Êtes-vous plutôt plus lucide que le reste du temps,
  - ☞ Plus courageux dans votre capacité à vous affirmer
  - ☞ Ou au contraire plus vulnérable car vous craignez de ne pas trouver la 3e voie qui permettra à tout le monde d'aboutir à une « bonne » décision, ou de ne pas avoir la sérénité suffisante pour le faire ?
- Que faîtes-vous quand vous ressentez un conflit de loyauté ? Savez-vous, vous aussi, monter au créneau pour les défendre avec tact et constructivité ?

Retrouvons, maintenant, l'échange entre Kenzy, Paola et Yannick :

P : Tu as raison. C'est évident. Ce n'est pas dans les valeurs du groupe et les conséquences seraient potentiellement trop lourdes.

Kenzy nota que l'alliance avec Paola était désormais établie. Elle était désormais, prête à collaborer pour trouver une solution. Yannick, lui, semblait dans ses pensées. Il n'aimait pas le conflit. Et là, il était probablement en train de s'imaginer au prochain Comex, en train de faire part de ce recrutement alors qu'il n'y avait pas pensé quand la décision a été prise. Lui, qui voulait toujours être exemplaire devant ses équipes et dans son rôle de membre du Comex.

*Kenzy le chercha du regard.*

K : Et toi, Yannick. Tu en penses quoi ?

*Yannick resta silencieux. Kenzy décida de miser sur l'alliance avec Paola. Il savait Yannick probablement d'accord, mais embêté. Peut-être pouvait-il trouver un « cas exceptionnel » ?*

K : Yannick, étais-tu présent au Comex lorsque la décision a été prise et te souviens-tu de l'élément déterminant pour la poser ?

Y : Comme tu l'as dit, la volonté de marquer notre engagement. Ce qui m'embête d'autant dans notre cas car c'est un poste lourd et un grade élevé... Un investissement fort, donc.

*Grâce à ses mots, Kenzy entrevit alors une solution. C'était peut-être la clef.*

K : A la fois, comme moi, il entre dans sa dernière tranche de carrière et ne pèsera pas dans les effectifs une fois le virage vraiment amorcé. Peut-être Paola pourrais-tu voir avec Nadia si cette population très Senior pourrait être « à part ». Un moyen pour le Groupe d'assurer la sérénité des opérations pour le temps de la transition, et donc des revenus pérennes tant que les autres activités ne délivrent pas le cash et la marge attendus. Ils seront, par ailleurs, assurés qu'ils ne grèvent pas le *Head Count* pour longtemps.

## « La carte n'est pas le territoire »

Pour que les conversations courageuses soient fructueuses, il est clef de savoir réellement écouter l'autre, comprendre ses enjeux, ses contraintes, se mettre à sa place ou comprendre son contexte pour être en mesure de l'aider à ne pas confondre la carte et le territoire.

- Ici, Kenzy perçoit très bien les enjeux de Paola et de Yannick et parvient à aller « sur leur terrain » pour faire alliance, trouver des solutions, quitte à sortir du cadre.

- Kenzy parvient aussi de s'affranchir de la peur de décevoir ou d'être pris en défaut, qui aurait sinon pu le paralyser[18] face à son propre enjeu, mais aussi face à la responsabilité de proposer quelque chose en sachant pertinemment que ce n'était pas le bon timing personnel comptes-tenus de leurs enjeux propres.
- Ce faisant, Kenzy parvient à remettre les choses à leur juste place.

  ☞ Le territoire, c'est l'enjeu pour le Groupe de démontrer son sérieux sur la transition entamée.
  ☞ La carte, le recrutement. Elle peut être prise sous différente perspective.
  ☞ L'argument de la séniorité est un angle de vue qui peut permettre, en effet, de ne pas remettre en cause le territoire, mais seulement sa présentation. « On ne recrute pas quelqu'un qui va renforcer le futur de notre branche, mais quelqu'un qui va renforcer les chances du Groupe d'assurer une transition sereine tout en étant assuré de son départ à date fixe. » CQFD

✋ Prenez le temps de préparer votre entretien pour définir votre « carte » et votre « territoire » afin d'être clair avec vous même… et rester suffisamment ouvert à celle des autres. La solution passera par cette ouverture, réelle, qu'ils sentiront.

[18] (Voir le réflexe FFF dont nous avons déjà parlé)

## Aller plus loin - questions complémentaires :

- Confronté(e) à une situation de fort enjeu, comment faites-vous personnellement baisser la pression ?
- Avez-vous des interlocuteurs solides vers qui vous tourner pour avoir des conversations courageuses sans enjeu. Des personnes, qui puissent vous préparer à la vraie conversation courageuse ?

  - ☞ Si oui, comment vous assurez-vous d'avoir le réflexe ?
  - ☞ Si non, comment pouvez-vous vous construire cet écosystème porteur ? Listez dans votre entourage les personnes qui pourraient le devenir ? Quelles étapes vous faut-il pour vous assurer qu'elles sont toutes des personnes de confiance capables de telles conversations ?

# EXEMPLE 3- Conversations courageuses : Créer le rebond dans un contexte de crise

Francis*, dont nous avons parlé en tout début de ce livre a finalement rassemblé ses équipes pour deux jours au vert. Un pas important pour offrir à chacun et ensemble une occasion de prendre du recul, de partager les diagnostics de chacun sur cette période difficile qu'ils traversaient et de repartir reboosté et unis à nouveau (l'objectif) après des mois de « copie à tous » permanente et de « défausse » des uns sur les « fautes » des autres.

Avant le séminaire, j'ai rencontré chacun des acteurs autour de conversations courageuses multiples, du type de reprises ci-dessous, avec Viviane*.

Viviane était responsable du bureau d'étude. De pièce maîtresse de l'organisation et atout par rapport à la concurrence, elle était devenue un « goulot d'étranglement » qui faisait prendre du retard sur tous les dossiers. Viviane, perfectionniste, avait beaucoup de mal à déléguer et se retrouvait noyée par les demandes urgentes de tous ses interlocuteurs.

P : Peux-tu me dire comment tu ressens la situation ? Si tu devais me décrire ce qui se passe dans l'organisation aujourd'hui en quelques mots, quels mots emploierais-tu ? Que souhaiterais-tu que l'on aborde au séminaire à venir ? Que voudrais-tu/pourrais-tu attendre de ces deux jours passés ensemble au vert ?

*Arrivée dans la pièce où se trouvait Viviane, je perçus tout de suite sa tension et son stress. Son premier regard était en limite d'être envahi de larmes.*

*Nous ne nous connaissions pas encore, mais elle semblait craindre l'entretien. J'avais passé déjà plusieurs minutes à respecter son rythme et sa distance pour qu'elle se sente à l'aise, mais il me fallait maintenant entrer dans le sujet.*

*Je choisissais volontairement une approche « valise », avec plusieurs questions, pour lui laisser le loisir de prendre la main, tout en restant dans des thématiques qui seraient utiles au séminaire.*

**V** : Pas grand-chose ! de toute façon personne ne se dit plus rien, ici. Et plus personne ne semble se sentir responsable de rien, à part moi peut-être... mais je le paie cher !

*Dans un premier temps, je répondis simplement par un regard de soutien bienveillant et restait en lien avec le sien, qui me jaugeait. Que dire ? Il n'y avait pas de mots face à l'intensité de son ressenti. Même une reformulation la plus fidèle aurait pu être interprétée.*

*Viviane continua de me fixer un long moment, puis finit par laisser percer un léger sourire sur ses lèvres, un peu narquois.*

**V** : Il me manque des bras pour tout faire. Il nous manque des bras à tous ! Nous couvrons TOUS trop de choses et à un moment, on finit par commettre des erreurs... Je ne suis pas sûre que Francis soit conscient de tout ce que nous mettons en œuvre avec si peu de moyens ! Il était là pour nous avant, mais avec l'éventualité de l'élargissement de son rôle ...

*Viviane scrutait mon visage pour voir si j'allais réagir. Je sentais que la mention de Francis était un test pour savoir si j'allais ou non prendre parti, le défendre, justifier ma présence... Elle cherchait sans doute à comprendre mon rôle, à tester ma neutralité ; voir si Francis m'avait dit des choses spécifiques à son égard. Voir aussi si j'allais, moi aussi, l'incriminer puisque, je ne le savais pas encore, mais beaucoup rejetaient la faute sur son service au « cœur de tout ».*

**P** : Que veux-tu dire par « il nous manque des bras » ?

*Devant la charge émotionnelle, je m'appliquais à reprendre une de ses phrases, celle qui me semblait la plus à la fois révélatrice de la situation et la plus proche de ce qui semblait être le fond du problème (le goulot d'étranglement) et sur lequel elle avait possiblement la main (le manque de délégation)*

**V** : Je veux dire que j'attends toujours de pouvoir ouvrir un poste supplémentaire dans mon service et je ne suis pas la seule. Si l'entreprise va mal aujourd'hui, c'est sans doute aussi parce qu'on n'a pas su investir le temps nécessaire et les moyens nécessaires il y a six ou neuf mois, quand tout allait (presque) bien. Nous n'avons pris le temps, collectivement, trop surchargés... et maintenant... Nous sommes toujours surchargés, mais les investissements ne sont plus d'actualité. Si ça se trouve, on va même me demander d'enlever une personne pour faire des économies et je ne saurai plus faire !

*Le regard de Viviane était planté dans le mien, pour voir comment je réagissais à la « bombe » qu'elle me lâchait. Nous y étions, en plein cœur de la question. Il me semblait que l'essentiel avait été dit. L'entretenir dans ce « trop pour elle » ne me semblait pas propice à faire avancer la situation.*

*Je me contentais d'être là pour elle, sans juger. Voyant qu'elle était écoutée et entendue, elle continua finalement, sur la réponse à la question initiale.*

**V** : C'est la première fois que nous allons faire ce genre de séminaire. Je ne sais pas quoi en attendre. Je ne sais pas si j'ai vraiment envie d'y aller, d'ailleurs, car vue l'ambiance qui règne, il sera difficile de se dire choses importantes. Mais si tu penses/ vous pensez qu'il y a une chance que quelque chose se passe et que les choses s'arrangent, je serai là.

## Le pouvoir de l'intention « chevillée au corps »

Cet extrait nous montre l'importance de garder le cap de l'intention de départ et du « pour quoi » nous sommes là et avons ouvert la conversation courageuse.

- L'autre sent alors que nous sommes vraiment là et que nous ne lâcherons pas, y compris quand il/elle tente de détourner l'attention, de détourner le sujet vers un autre thème... ou lorsque la charge émotionnelle est forte et que les mots sortent avec une intensité qui peut être parfois démesurée.

- ☞ Lorsque l'autre sent que son interlocuteur est solide, il/elle sent qu'il peut déposer ce qui l'encombre (juste ce qu'il faut) pour pouvoir ensuite revenir à l'essentiel.
- ☞ C'est ce qui se passe pour Viviane. Son engagement réel (du mieux qu'elle peut) à la fin de la séquence est directement le fruit du fait qu'elle s'est sentie écoutée et entendue.

▸ L'important, lorsque l'on ouvre un espace de parole, c'est d'être prêt(e) à accueillir toutes les réactions.

- ☞ Ce qui signifie être prêt(e) à ce que les réactions soient fortes ou émotives…
- ☞ Comme nous l'avons évoqué dans notre première partie, un trop-plein d'émotions peut « court-circuiter » notre cerveau[19]. Si ce réflexe peut bloquer l'action à titre individuel (« le pilote ne répond plus »), il peut à fortiori compromettre les avancées de groupe. Il est donc important de laisser de l'espace avant d'engager plus de conversations courageuses.
- ☞ Lorsque l'espace est laissé pour que la parole se libère, elle se libère parfois brutalement et totalement. Ce qui implique pour celui ou celle qui reçoit de savoir rester stable, et d'accueillir, tel que cela est, sans juger, pour ne pas réactiver ou accroître la tension, l'émotion vécues par l'autre.

✋ L'importance du non-verbal : Nous prêtons généralement beaucoup d'attention à nos mots, et c'est important en situation de crise notamment.

Néanmoins, le verbal représente seulement 7% de la communication et le non-verbal + le paraverbal 93%. Pensez-y !

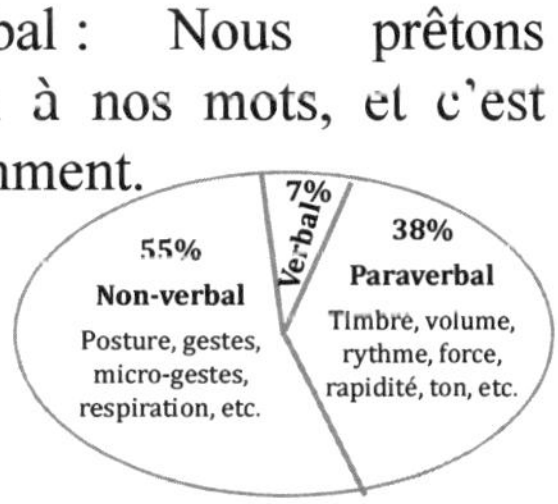


---

[19] Voir le rappel au sujet des neurosciences à ce sujet, syndrome FFF (Flee.Fight.Flight)

## Aller plus loin - Repères complémentaires :

Tout l'enjeu, dans pareille situation est de savoir jusqu'où écouter l'autre et quand s'arrêter.

- Pour cela, deux questions sont intéressantes :
  - ☞ Votre écoute soigne-t-elle ou ravive-t-elle son émotion, sa colère, son ressenti ?
  - ☞ Êtes-vous (encore) en mesure de continuer d'écouter et pouvez-vous encore entendre ?
- Quelques indicateurs pour savoir si vous devez/pouvez continuer :
  - ☞ Si la personne vous regarde avec vérité et que vous ressentez qu'elle est en lien authentique, et qu'elle a besoin de ce lien pour dire ce qui se passe en elle et déposer ses « lourds bagages », vous êtes certainement « au bon endroit ». Vous pouvez respirer avec elle et continuer l'écoute : elle avance et vous aussi.
  - ☞ Si la personne va et vient du regard, cherche des échappatoires, vous teste pour voir jusqu'où elle peut aller, sans doute est-ce le signe que la conversation n'est pas « au bon endroit » ou qu'elle n'est pas prête *(ou ne vous sent pas prêt(e)).* Pourriez-vous trouver une question qui habilement la ramènerait vers du plus concret ?
  - ☞ Si la personne se répète, c'est que la personne est « en boucle ». Alors, continuer n'avancera rien ni personne. Quelle question pourriez-vous poser pour créer un « court-circuit positif dans l'échange » ?

J'eus une conversation courageuse et réengageante de ce type avec chacun des membres de l'équipe, leur permettant un « rendez-vous avec eux-mêmes ». L'idée était, pour chacun, de mieux comprendre ses « pièces de puzzle » dans l'équipe, tant sur le fond *(rôle, missions et actions)* que sur la forme (*participation à l'ambiance du groupe et au-delà dans l'organisation*). L'occasion, aussi de déposer le « trop plein » qui, sinon, ce serait mis en travers du travail en commun.

Je passe ici plusieurs étapes et reprend volontairement à un moment clef de l'introduction du séminaire par Francis.

A gauche, vous lirez ce qu'il prévoyait spontanément de faire. A droite, ce qu'il a finalement fait, après mes retours.

Pour plus de clarté, je vous invite à lire d'abord l'intégralité des échanges retranscrits dans la colonne de gauche et de ne passer qu'ensuite aux échanges retranscrits dans la colonne de droite. Ceci vous permettra de pouvoir vous faire une idée sur les deux scénarios avant de découvrir notre décryptage.

**DIALOGUE 1-**
Version Conversation
«Négociation-Recadrage »

J'ai reçu de mauvaises nouvelles de la maison-mère il y a quelques jours et je ne peux plus vous les cacher. Il me semble important que l'on en parle ensemble pour trouver des solutions à court-moyen terme. Je ne voudrais pas avoir à prendre moi-même, seul dans mon coin, des décisions lourdes de conséquences. J'ai besoin de pouvoir montrer que les choses sont sous contrôle, que nous nous sommes repris en main et savons comment revenir en force sur le marché. Et je compte sur vous pour leur

**DIALOGUE 2**
Version Conversations
Courageuses

Je tiens d'abord à vous remercier pour votre engagement. Je sais que les temps sont difficiles pour nous tous et que vous avez/nous n'avons pas assez de bras et de disponibilité d'esprit pour faire tout ce que nous aimerions ou devrions faire.

Ce séminaire n'a pas été programmé pour vous demander d'en faire plus. J'aimerais, au contraire, que nous puissions poser un diagnostic sincère et partagé de la situation dans laquelle nous nous trouvons, pour voir ensuite ensemble comment nous pourrions en faire moins montrer qu'ils ont tort d'hésiter aujourd'hui à réinvestir en France.

pour plus de résultats, en travaillant peut-être différemment, chacun et ensemble.

Je sais que nous faisons tout notre possible, et même plus. Mais je suis convaincu que si nous joignons nos observations, notre connaissance des clients et de l'entreprise et nos savoir-faire et savoir-être, nous pouvons surpasser le marché, retrouver tous l'envie et la fierté que nous partagions il y a quelques semaines encore. Cette réussite collective est à portée de nos mains !

Êtes-vous d'accord et avec moi pour relever le défi, ensemble ?

### « L'importance de savoir projeter une situation meilleure pour mobiliser les énergies »

Parfois le courage consiste à trouver la force authentique et sincère d'appeler une situation déjà connue de tous et qui n'est (momentanément) plus là, mais dont on sait avec quasi-certitude qu'elle sera bénéfique à tous pour faire renaître l'espoir.

- Pour faire appel à une situation-ressource, remémorez-vous un succès, qui voua a rempli de fierté, de joie, d'énergie. Une situation que vous avez envie de revivre et qui se rapproche du challenge que vous vivez actuellement.

☞ Remémorez-vous la façon dont vous aviez agi, individuellement et collectivement.
☞ Essayez de projeter cette même approche et ces mêmes étapes sur la situation présente.
☞ Visualisez le même succès dans la situation présente. Comment vous sentez-vous ?

Attention, pour être crédible, vous devez réellement avoir de l'espoir. Un espoir sans fondement sera sans effet. Les équipes le déceleront tout de suite.

A contrario, un espoir solide permet à tout le monde de se projeter dans une réalité plus positive et néanmoins atteignable, de retrouver goût à s'engager pour retrouver le soleil jusqu'alors caché derrière des nuages passagers.

## Aller plus loin - Repères complémentaires :

Pour pouvoir soutenir les autres, vous devez, également, prendre soin de vous et de votre propre motivation.

- Comment vous ressourcez-vous ? Y pensez-vous suffisamment régulièrement ?
- Avez-vous des personnes-ressources, des personnes de confiance avec qui vous pouvez parler de tout et auprès de qui vous pouvez aller chercher soutien et conseil ?
- Quel petit pas vous ferait du bien, là, maintenant ?

Reprenons le fil des conversations courageuses de l'équipe :

**V** : Francis, Je suis venue bien qu'extrêmement fatiguée. Je t'entends et voudrais te suivre dans ton optimisme, mais à ce stade, je ne suis plus sûre d'avoir la force, ni que nous ayons collectivement encore la force de croire qu'il est encore possible de réveiller la belle endormie. (Pause). De plus, si ce que tu nous as annoncé il y a quelques jours est vrai, si les investissements prévus n'arrivent pas. Alors, je ne sais pas pour les autres, mais pour moi...

*Viviane ne finit pas sa phrase.*

*Francis laissa passer un temps et regarda Viviane, puis chacun des autres membres de son équipe. Il respira profondément et chercha la ressource en lui. Il savait que c'était à lui de remettre de l'énergie dans le système, d'y croire pour elle, pour tous ; pour qu'ils puissent ensemble tourner la page de cette « mauvaise passe » et se (ré)engager, solidaires et sur d'autres modus vivendi.*

**F** : Je comprends Viviane. Et si tout le monde se sent comme toi, je ferai mon possible pour l'entendre et l'accepter. (Pause) Mais, je sais aussi tout ce que nous avons déjà fait et vécu ensemble. Je sais qu'ensemble nous sommes plus forts que lorsque nous agissons chacun dans notre coin, comme nous l'avons été ces dernières semaines. Avant de nous avouer vaincus, je voudrais que nous puissions d'abord nous dire les choses. Je voudrais commencer par vous partager quelque chose, moi.

*Francis marqua un temps d'arrêt, visiblement ému.*

Je regrette de n'avoir pas plus insisté, il y a six mois, quand nous l'avions décidé, pour que chacun de vous, et moi aussi, nous libérions le temps nécessaire à recruter les personnes que nous avions identifiées comme incontournables. Cela nous aurait permis d'assumer aujourd'hui l'ensemble des actions que nous avions listées par anticipation du retournement du marché. Je prends ma part de responsabilité et si je pouvais revenir six mois en arrière, je le ferais.

*Francis marqua un autre temps d'arrêt, regardant chacun droit dans les yeux, avec un regard intense, mais plein de gratitude.*

Je sais que nous pouvons encore y arriver si nous cessons de voir toujours le verre moitié vide et de nous monter les uns contre les autres. *(Pause)* Vous êtes tous de grands professionnels, et moi aussi. Le marché s'est retourné, mais nos clients peuvent pour certains revenir. D'autres peuvent nous choisir. (*Pause*) A l'usine, tout le monde a mis les bouchées doubles pour remonter la pente depuis les derniers incidents, parce que je leur ai dit que nous nous réunissions ces deux jours pour établir une nouvelle stratégie gagnante. Je sais que vous avez tous noté cette amélioration et que cela vous a soulagé, vous et vos équipes, ces deux dernières semaines. Maintenant, ils comptent sur nous. Alors, à nous de regarder à notre tour nos actions des derniers mois pour voir ce que nous devons garder, renforcer ou arrêter. Aucun sujet n'est tabou. Notre équipe est plus forte que ce retournement du marché.

### « Le courage de prendre sa part et d'avouer son erreur, le cas échéant.

L'honnêteté n'est pas une faiblesse.

- Reconnaître sa part de responsabilité est un acte d'humilité et de courage, qui appelle l'humilité et le courage en retour.
- Et pour vous ?

☞ Êtes-vous de ceux qui prennent facilement la parole devant leur équipe pour faire un retour d'expérience « à chaud » des succès, comme des échecs ?

☞ Ou vous est-il difficile de regarder en arrière, et surtout de reconnaître quand vous vous êtes trompés ?

☞ Pouvez-vous vous remémorer un de vos managers, que vous admiriez et qui avait ce talent ? Qu'en pensiez-vous alors ? Qu'en penseriez-vous aujourd'hui ? Qu'en pensait le reste de l'équipe ? Pourquoi ?

☞ Si elle est sincère, une mise en vulnérabilité permet aussi à l'autre personne de pouvoir retouver, en miroir, en lui la force du rebond et du courage de regarder son rôle et sa part de responsabilité dans la situation.

## Aller plus loin - Quelques questions :

L'honnêteté permet de prendre régulièrement des temps de prise du recul, individuelle et collective, essentielles au succès.

- Le mieux est de savoir faire ces temps de pause et d'arrêt sur image au vert, loin de la pression du quotidien. Un temps dédié avec ses équipes
- Seul(e) ou accompagné(e) d'un coach ou d'un facilitateur, vous pourrez alors répertorier :
  - ☞ Ce que vous voulez arrêter : ce qui vous prend de l'énergie, ce qui ne sert plus à rien et que vous continuez par automatisme.
  - ☞ Ce que vous voulez commencer : ce qui n'a jamais été tenté et que vous pensez bon de commencer. Ce qui se fait ailleurs et qui vous semble adaptable à votre contexte
  - ☞ Ce que vous voulez renforcer : ce que vous faîtes déjà et que vous voudriez faire encore mieux ou plus.

Reprenons maintenant la suite de l'échange, là où nous l'avions laissé.

T : « J'ai l'impression de toujours courir et de ne rien faire à fond ! », lança Thierry, en rebond à une nouvelle remarque faite par Viviane

*Tous, en chœur ou presque :* Moi aussi !

**M** : Jamais le temps de travailler en profondeur. Je passe de l'élaboration d'un dossier à l'autre et je n'ai même plus le temps de relancer pour avoir des retours.

*Tous, en chœur ou presque :* Moi aussi !

**L** : C'est comme si nous courrions trop de sujets à la fois ! Et qu'en courant dans toutes les directions, nous nous épuisions pendant que la Tortue franchit, elle, la ligne de départ et emporte la course contre nous. C'est décourageant.

**F** : Alors, c'est que nous nous y prenons, collectivement, mal !

**V** : Non, c'est que nous manquons de bras !

**L** : Oui, nous manquons de bras, de méthode, de moyens...

**F** : Je vous entends. (Pause) Nous en parlons maintenant depuis 1,5 jours et je suis ok pour prendre les mesures que nous avons définies ensemble. (Pause) Mais peut-être est-il temps maintenant que nous acceptions de partir de là où nous en sommes, et que nous nous fixions des ambitions atteignables avec les moyens dont nous disposons déjà. (Pause. Il réfléchit à haute voix). Même en lançant des recrutements maintenant et à supposer que l'on trouve tout de suite les bonnes personnes – ce qui serait un miracle-, nous devrons de toute façon vivre les 4 à 6 prochains mois dans cette configuration. (*Pause)* c'est un fait. *(Pause*). Et à supposer que je demande un effort à la Maison Mère, ce que je suis tout à fait disposé à faire si nous sommes tous d'accord sur l'approche à avoir, ces négociations prendront de fait plusieurs allers-retours et donc quelques semaines. Quant aux méthodos, nous en avons déjà beaucoup (comme l'a rappelé Viviane tout à l'heure), que nous réinventons à chaque nouveau dossier au lieu de reprendre pour partie ce qui a déjà marché... Alors, que pouvons-nous décider, maintenant, de quelque chose qui soit pleinement dans nos mains et qui nous permette 1) de courir moins 2) de signer plus ?

C'est ainsi que cette équipe arriva à un point de bascule, un « eurêka collaboratif », dont j'eus plaisir à observer l'émergence collective !

A partir de l'authenticité de ce qu'ils avaient partagé ces dernières heures, tous arrivèrent à la conclusion unanime « qu'à équipe et budget constants, ils devaient prendre le contre-pied de la stratégie poursuivie jusque-là ». Ils devaient, en effet, cesser de vouloir adresser toutes les demandes et prospecter toutes les entreprises répertoriées dans leurs bases de données. Une stratégie qui les épuisait tous et qu'ils venaient collectivement de choisir de remplacer par leur eurêka collaboratif : « Choisir moins de prospects et de clients à suivre, mais se concentrer sur les bons ».

Conscients de l'importance de s'y tenir, ils avaient aussi pris le temps de définir ce qu'étaient ces « bons » clients grâce à des critères précis qu'ils listèrent également par itérations collaboratives ; de même qu'une série de thématiques, sur lesquelles ils allaient très rapidement plancher. Par exemple, lister tous les points qui suivaient naturellement une telle décision ; fixer des dates par avance pour se réunir afin de distinguer d'après les critères énoncés les prospects et clients qu'ils gardaient et de ceux qu'ils ne suivraient plus que s'ils les sollicitaient (et encore) ; trier leurs bases, puis planifier et suivre les actions à destination de ces clients et prospects « prioritaires », « secondaires » et « sortis » ; nommer des points de contacts potentiellement très différents de ceux qui étaient en place précédemment en fonction de critères eux-aussi co-élaborés, mais aussi revoir les objectifs fixés à chacun et l'impact sur les variables associés à ces objectifs.

### « Principe de réalité et capacite de regard décalé »

Les conversations courageuses sont souvent une succession de conversations courageuses qui, par petites touches, préparent et amènent une nouvelle réalité, une nouvelle dynamique dans la relation ou au sein de l'équipe. Autant de petites touches qui, à un moment donné, créent un mouvement de bascule positif.

- Francis a su créer un vrai moment de vérité.
  - ☞ Il a parfois dû aussi « faire passer l'équipe par le goulot de l'entonnoir » afin de pouvoir libérer ensuite les énergies (lorsqu'il résume ce qui a été posé précédemment, les enjeux, les avancées ET nomme l'instant de vérité qui s'ensuit : « qu'est-ce que nous pouvons faire, ici et maintenant, ensemble ! »)
- Il est important de savoir bien identifier les besoins moment.
  - ☞ Il y a alternativement, selon les situations, besoin de créer des espace-temps d'écoute profonde et active et des temps pour passer à l'action, créer le rebond. Un rebond et une actions d'autant plus facile que l'écoute aura été active et mutuelle.

✋ En fin d'une conversation courageuse (ou d'une séquence de mini-conversations courageuses), vous saurez que vous avez réussi si tous les protagonistes ressortent avec de l'énergie, l'envie de passer à l'action, que ce soit de poursuivre l'échange, de mettre en place ce qui a été décidé, comme nous l'avons mentionné dans l'acronyme[20] au travers du S pour Solution(s) et du E pour Engagement.

[20] Voir chapitre précédent. Acronyme COURAGE

### « Savoir dire NON à ce qui prend trop d'énergie, c'est pouvoir dire OUI à autre chose »

Cet exemple illustre bien le paradoxe du choix courageux : savoir regarder en face, individuellement ou collectivement, ce qui prend de l'énergie ou créé de la tension ou du conflit, permet de savoir à quoi dire non, mais aussi OUI !

- Dire NON à « plus de la même chose », et aux habitudes-réflexes reproduites sans y penser permet aussi de dire OUI à la réussite collective, OUI au plaisir de travailler ensemble et OUI à la satisfaction de servir pleinement les clients qui font sens et savent aussi apprécier le service à sa juste valeur. C'est-à-dire un grand OUI à la satisfaction de tous, clients et équipe.

- Dans le cas privilégié de cette équipe de direction, nous avons même pu mesurer en temps réel l'impact de ce choix audacieux (et pour certains très contre-intuitif) :

    - « En 1 an, à équipe constante, ils avaient doublé leur ventes (et donc balayé le temps de crise). Et, encore plus probant car durable : en 2 années, à équipe constante et dans un marché en berne à 25%, ils avaient accru les ventes de +18% tout en améliorant aussi l'EBITDA et la satisfaction client ».
    - Par ailleurs, les premiers changements concrets et les premiers résultats visibles, arrivés très vite après ce séminaire, sur la lancée de ces conversations courageuses, ont vite créé une base solide de confiance, qui a permis à cette culture de conversations courageuses de devenir un ingrédient assumé de la culture de l'équipe et, par ricochet, des relations avec les autres équipes, transformant progressivement toute l'entreprise... jusqu'aux relations à la maison mère, qui voulut elle aussi connaître l'ingrédient secret du rebond et le diffuser plus largement...

## EN SYNTHESE

## Les conversations courageuses, une culture qui se diffuse et rend (tout) possible !

Les conversations courageuses ne sont pas seulement une méthodologie à employer quand besoin, parce qu'une incompréhension, un malentendu, un conflit apparaissent. C'est un muscle, que l'on renforce au quotidien et à chaque fois qu'on l'utilise, qu'on l'entraine. C'est un état d'esprit qui guide la réflexion et l'action, prévient les conflits autant qu'il les résout. C'est une culture qui infuse les équipes, les entreprises et qui rend paradoxalement les relations plus saines, plus durables et plus productives. Plus elles sont régulières et plus elles sont puissantes.

Les équipes qui s'appuient couramment sur des conversations courageuses sont plus diverses, plus efficaces, plus inclusives, les sites de productions plus frugaux, les services plus innovants…

Ils s'épargnent le stress de la négociation à sens unique, court-terme, ou des conflits larvés. Tout est dit, mais pas n'importe quand ni n'importe comment. Tout est dit, dans l'intention de construire un demain plus durable, trouver des solutions meilleures et prendre des décisions qui sont appliquées d'autant plus facilement que ceux qui doivent les mettre en musique ont pu participer à les élaborer, en apportant chacun leurs pièces du puzzle.

Le passage à l'échelle ?

Il se fait par transmission directe du virus de la confiance (*petit clin d'œil à un de mes TedX*[21] *et un de mes articles*[22], *ainsi qu'à mon précédent livre sur la transformation virale® et l'art du gagner (plus) ensemble*[23]). Car la confiance se bâtit aisément sur fond de conversations courageuses. Le collectif aussi. Et quand confiance et collectif sont là, aucun obstacle ne résiste. L'incertitude devient une réalité à prendre en compte, les crises deviennent des opportunités de mieux comprendre, d'innover, de construire autrement. Le courage dont on parle est celui qui œuvre pour une solution partagée, un mieux, un avenir commun et meilleur.

Les membres de l'équipe sont capables de nommer ce qui se passe ou ce qui les questionne, y compris s'ils ne sont pas d'accord avec un autre membre de l'équipe ou même la direction. Les conditions en sont l'ouverture, l'intention fermement ancrée du « plus je donne, plus je reçois » et le respect réciproque.

Ce Petit Manuel de Conversations Courageuses à destination des managers engagés qui préparent demain dès aujourd'hui vous a donné les clefs de cette culture, simple et exigeante, vraie et complexe dans ce qu'elle repose sur l'engagement de chacun à sortir de sa zone de confort pour toucher ce point de bascule qui crée l'intelligence collective et le « plus fort ensemble ».

En nous appuyant sur les milliers d'heures de conversations courageuses et les centaines de dirigeants et managers accompagnés à les pratiquer et les infuser, ils s'en trouvent transformés eux-mêmes autant qu'ils transforment leur entreprise : plus engagés, plus conscients de l'urgence à diffuser

---

[21] https://www.youtube.com/watch?v=-g3ZTf_SAFc

[22] https://www.youtube.com/watch?v=-g3ZTf_SAFc

[23] Gagner (plus) ensemble. Editions ReThink & Lead

largement cet état d'esprit partagé pour passer de la théorie de l'entreprise-solution à la pratique de la performance-économique-et-sociale-et-environnementale comme une grille de décision et des critères pertinents d'arbitrage et d'anticipation.

Alors, devant les défis multiples que vous connaissez tous, et que nous abordons immanquablement dans nos cursus dirigeants et programmes Talents-Clés, comme dans nos accompagnements : les défis du climat, de l'IA, de l'accélération des temps, de l'incertitude, de l'instabilité économique et géopolitiques, de la rareté des matières premières et de l'énergie, il nous semble essentiel de participer à lever le degré d'appropriation de ce « devoir » que nous avons tous de « poser TOUTES nos pièces de puzzle ». C'est-à dire notre compréhension, à notre échelle, selon notre prismes et avec l'acceptation de nos biais, de tout ce qui pourrait faire avancer ces nécessaires conversations courageuses... et donc contribuer à relever aux défis.

C'est pourquoi, dans le prolongement de toutes les actions déjà engagées pour qu'en interne et en inter-entreprises, les dirigeants et leaders-clefs unissent leurs forces pour comprendre les tendances à venir et y apporter dès aujourd'hui des pistes de réponses, nous souhaitons désormais créer un espace-temps encore plus ambitieux, où ces conversations courageuses pourront passer à l'échelle et apporter recul, éthique et lucidité aux grandes réflexions, et plus encore à celles qui sont encore délaissées sous les effets d'un court-termisme et d'une course technologique ayant parfois leurs angles-morts.

Il y a urgence à unir nos forces et à être collectivement courageux. A nous de jouer, ensemble !

# DU MEME AUTEUR

Gagner (Plus) Ensemble…

Car perdre n'est pas une option ! (janvier 2023)

Paule Boffa-Comby aux Éditions ReThink & Lead

Dispo chez Amazon et la librairie Tchann

Réussite collective

Changez de méthode… ! (2021)

Paule Boffa-Comby aux Éditions ReThink & Lead

Dispo chez Amazon et la librairie Tchann

Le Leader Collectif…

Un nouvel Art du pouvoir ! (2019)

Paule Boffa-Comby aux Éditions Dunod

Dispo chez Dunod, Amazon et toutes les librairies

La confiance, un nouveau leadership

Transformer l'entreprise par l'intelligence collective (2014)

Paule Boffa-Comby aux Éditions ReThink & Lead

Dispo chez Amazon et toutes les librairies

Walk the Talk …

Une autre façon d'être dirigeant ! (2011)

Paule Boffa-Comby aux Éditions Cherche Midi

Dispo chez Amazon et toutes les librairies

Promouvoir les talents- Hommes. Femmes. Entreprises, la combinaison gagnante ! (2007)

Paule Boffa-Comby aux Éditions ReThink & Lead

Dispo chez Amazon et la librairie Tchann

**Petit Manuel de Conversations Courageuses**

à destination des leaders & managers engagés qui préparent le futur dès aujourd'hui

ISBN - 979-10-95548-26-3
Dépôt Légal – Janvier 2024
Imprimé à Paris